Vom Unsinn des Bergsteigens

Helmuth Zebhauser

Vom Unsinn des Bergsteigens

Schamlose Betrachtung des Alpinismus

Bergverlag Rudolf Rother
München

Bergverlag Rudolf Rother GmbH
München 1985
ISBN 3-7633-7014-5
Hergestellt
in den Werkstätten Rudolf Rother GmbH
(2113/4192)

I.
Über Gebirge und Bergsteigen

Wenn ich nachdenke,
staune ich über den
Grund einer solchen
Massenbewegung –
und sie sagen:
Individualismus

Unwirklichkeit

Gneis, Granit, Kalk, Sandstein, Schiefer, Basalt,
Schutt und Asche, Schnee und Eis –

Im Vergleich zur tagtäglichen Wirklichkeit der grünen Matten, der lebenerfüllten Täler und der fruchtbaren Ebenen wirkt das unwirtliche Hochgebirge als Fremdnis und wie eine Unwirklichkeit.

Bergsteiger gehen Wege durch diese Landschaft des Zerfalls. Und einige finden dabei Ansätze für eine metaphysische Anschauung des Daseins.
Es gibt auch andere Möglichkeiten, zu solchen Ansätzen zu gelangen, zum Beispiel durch Denken,
oder durch musische Betätigung und deren Reflektion,
oder durch soziale Betätigung und ihre Wertung.

Sollten Bergsteiger tatsächlich einen nützlichen oder gar tröstlichen Weg durch die Trostlosigkeit des Hochgebirges gewinnen, dann wären die Forderungen nach Reservaten um Erhaltung des Ödlands berechtigt gewesen.

Wagnis

Der Bergsteiger erlebt beim Bergsteigen ein grandioses Wagnis seiner selbst.

Gehen sei stets ein gehemmtes Fallen, meint der Philosoph.

Dann wäre Steigen die Überwindung des Fallens.

Mit zunehmender Übersteigerung des Steigens wächst zunehmend die Gefahr des nicht mehr zu hemmenden Fallens.

Im Bergsteigen wird das Äußerste an Möglichkeit einer abnormen Fortbewegung herausgeholt.
Bewußt erlebt, führt es zu Grenzen des Menschlichen.
Zum äußersten Sein-Können.

Was der Jäger und der Kanubauer in menschlicher Frühzeit waren, wird hier im Bergsteigen aufs Neue zu sein versucht:
Der Bergsteiger, insbesondere der Kletterer, überakzentuiert sein Gehen, sein Menschsein, sein Dasein.
Das Klettern wirkt in diesem Sinn wie eine Stilisierung eines eigentlich verlorenen Seinkönnens.
Der Bergsteiger riskiert sich. Er bewegt sich dabei

zwischen einem verinnernden Seinswagnis einerseits und einer leeren montanen Artistik andererseits.
Er steht zwischen Philosoph und Turner.

Aktion

Aktion
oder zeitgemäßer geschrieben *action,*
ist, wo Gefahr ist.
Das sagt der Regisseur von Westernfilmen. Er meint auch:
Bestehen oder Nicht-Bestehen –
dies sei stets das größte Drama des Menschen.
(Er nennt es: Überleben – oder nicht)

Was läßt uns den Bergsteiger mit dem Westernhelden vergleichen? – Beide haben Gefahr zu bestehen, heraufbeschworene Gefahr.
Das Aug-in-Aug-Sehen, und auch heimtückische Gefahr.

Und was unterscheidet den Bergsteiger vom Westernhelden? Der Westerner lebt in seiner Zeit und trifft auf die für sie typischen Gefahren. Der Bergsteiger sucht und trifft auf eine Gefahr, die außerhalb seiner Zeit liegt und ganz und gar untypisch für ihre Gefahren ist.

Vom Unsinn des Bergsteigens

Bergsteiger mögen meinen, das Bergsteigen sei sinnvoll. Diejenigen aber, die außerhalb der Erlebniswelt des Bergsteigers stehen, meinen immer, Bergsteigen sei unsinnig. Beide Aussagen sind vom Bezugspunkt her erklärbar und verstehbar.

Nachdenklich muß stimmen, wenn auch Bergsteigern das Bergsteigen zuweilen als unsinnig erscheint. Das passiert dem einen oder anderen gelegentlich, wenn er über sein Tun nachdenkt.

Die Zu-Berg-Steigenden haben es allerdings nicht allzusehr mit dem Nachdenken über ihr Tun.
Sie sind Tatmenschen.
Und in einem Restraum ihrer Persönlichkeit wuchert Naturgefühl in Form von Landschaftsempfinden.
Dies und das Tat-Tun füllen sie voll aus.

Für seine Tätigkeit benötigt der gute Bergsteiger Scharfsinn, Aufmerksamkeit und Sachkenntnisse. Insofern läßt er sich vergleichen mit dem Militaryreiter, dem Rallyefahrer, dem Hochseesegler.

Unsinnig –
das heißt nicht sinnlos,
auch nicht nicht-sinnig.

Unsinnig –
hat etwas vom bewußt Getanen,
aber bewußt etwas verdreht Getanen.

Unsinnig –
ist sicher nicht blödsinnig
aber ist gewiß auch nicht sinnvoll.

Ungeistig sein

Das Bergsteigen ist keine geistige Betätigung.
Die geringen geistigen Bemühungen um das Bergsteigen haben das gezeigt.
Den Geistigen, die auch zu Berg steigen, ist es vorwiegend Ausgleich. Entspannen vom Geistigsein.
Körperlichsein – Empfinden – Ungeistigsein.

Das Erleben des Bergsteigers

Das Bergsteigen ist in gewissem Maße musikalisch. Das Bergsteigen ist lyrisch. Zuweilen auch geplant, technisch, organisiert, nie aber primär geistig.

Der Empfindungen des Bergsteigers sind viele. Aber sie sind ungenau, sind schwebend, grenzgängerisch und trotz der ganz und gar wirklichen, ja oft banalen Tat unbestimmt. Die Empfindungen sind flüchtig. Was zurückbleibt, ist eigenartig. Der Bergsteiger erlebt in Bildern. Sein Hoffen und Sehnen ist träumerisch. Er erlebt sein Erleben in unformulierter Poesie. Seine vergangenen Taten und die seiner Gefährten werden ihm leicht zu Mythen.

Die Bergsteiger breiten Schwärmerei für ihr Tun und Treiben aus. Exponenten bezeugen es: Oscar Erich Meyer, Eugen Guido Lammer, Leo Maduschka, Pierre Mazeaud, Reinhard Karl. Die Extremen schwärmen für ihre Taten, die Bergwanderer für ihr Landschaftsgenießen. Im Grunde sind beide romantisch. Und wenn Bergsteiger in den zwanziger Jahren „Neue Sachlichkeit" auf ihr Banner schrieben, so war das zum größten Teil eine vertitelte und verspätete Neuromantik.

Das Erleben des Bergsteigers ist pathetisch. Deswegen sind zum Beispiel die pathetischen Bildsprachen Franz Marcs oder tosende Bruckner-Symphonien dem Erleben der Bergsteiger adäquat. „. . .weil sie da ihren Träumen und innerem Klingklang nachgehen können."
Bei einigen ist es das: dem Klingklang nachgehen, der im Inneren schön aufkommt und schnell verweht wie ein Glockenton. Und auch immer wiederkehrt, immer aufs neue.

Die Berge schweigen. Das ist die freundliche Bereitschaft, die sie den beredten Seelen der Bergwanderer entgegenbringen. Es gibt freilich auch Bergsteiger, die sich der Natur so zugewandt wähnen, daß sie das „heimliche Flüstern der Wände und der Wiesen" in den stillen, heißen Sommertagen hören. Doch oft übertönt das Geschwätz der eigenen Traumeligkeit solch wohlige Bergfühligkeit.

Es ist schön, den eigenen Träumen nachgehen zu können. Es ist vergnüglich und labend. Stadtalltag läßt nicht genügend Spielraum - nicht für die Psyche, nicht für die Physis. Stadt engt ein, begrenzt: akustische Bedrängung, optisches Chaos, haptische Schranken. Eine bedrohende gesellschaftliche Dichte.
Die Berge lassen Spielraum. Sie sind Spielraum. Sie sind es ebenso wie eine Heidelandschaft, von

der Stifter schreibt, daß tiefsinnige Menschen, oder solche, denen die Natur allerlei wunderliche Dichtung und seltsame Gefühle ins Herz gepflanzt hatte, gerade solche Orte aufsuchen und liebgewinnen, weil sie da ihren Träumen und innerem Klingklang nachgehen können.

Zwischen Tagglanz und Hüttenfeuer

Henry Hoek hat in ruhigen, einfachen Worten seinen Wegen und seinen Verweilungen im Gebirge nachgedacht.
„Und vielleicht waren sie alle an diesem stillen, einsamen, abgeschlossenen und ereignislosen Tage glücklicher als sie wußten - vielleicht glücklicher als sie es an einem hellen und gespannten Tag gewesen wären; an einem Tage, der sie durch die romantische und dramatische Landschaft der Hochberge geführt hätte. Denn sie waren letzten Endes das Ergebnis der Kultur und der Stadt. Und sie suchten, wenn sie wanderten, die Ruhe - eine Ruhe, in der sie sich sammeln, entspannen und beruhigen konnten.
Und vielleicht auch war es ein Fehler, tragisches Mißverstehen ihrer geheimsten Sehnsucht, wenn sie sich immer wieder vom Berge, von der Gefahr und dem Abenteuer locken ließen?“

Abenteuer, Tat und Traum

Abenteuer, avanture, adventus, eventus hängen zusammen und über das Abenteuer läßt sich sagen:

Der Zuwachs an Lust, Kraft und Mut, den die Anarchie in einem entschlossenen Menschen bewirkt, steht in Zusammenhang damit, daß seine Chancen sich vermehren. (G. F. Jünger)

So gehn sie hin in Tat und Traum. Doch Traum ist Leid und Tat ist Glück. Drum blühn die hellsten Blumen dort, wo sich im Kampf des Lebens Linie mit dem Land des Todes schneidet.
(O. E. Meyer)

Träumten wir jede Nacht das gleiche, würde es uns genauso beschäftigen wie alles, was wir täglich sehen; wenn ein Handwerker sicher sein könnte, jede Nacht zwölf Stunden lang zu träumen, er sei ein König, so wäre er, glaube ich, fast ebenso glücklich wie ein König, der jede Nacht zwölf Stunden lang träumen würde, er sei ein Handwerker. (Pascal)

Das Träumerisch-Sein verliert seine Eigenart, je öfter es vorkommt, und ergibt sich in einen Zustand der wirklichen Unwirklichkeit.

Zum Fest des hl. Mauritius am 23. September und in memoriam Skizirkus St. Moritz.
„Ihr (der Heiligen des Martyriums von St. Maurice) unvergängliches Denkmal sind die Schneehäupter der Berge, dieselben, die einst den Heldenmut römischer Soldaten sahen und heute auf den Wagemut der Gipfelstürmer und Skiläufer herabschauen, schweigend und duldsam.
Kraft, die dem Ich dient, oder Kraft, die dem Geist dient?" (Aus einer Heiligenlegende)

Vom Gebirge selbst

Die Gebirge sind Erhebungen auf der Erdoberfläche, die geographisch, geologisch, botanisch, zoologisch, kurzum naturwissenschaftlich interessant sind, die politisch als Grenzen gewisse Bedeutung hatten, die eine flotte Kriegführung meist behinderten und auch sonst mancherlei Umstände bereiteten.

Außerdem haben diese Gebirge seit dem vorigen Jahrhundert den Menschen ein reizvolles touristisches Ziel bedeutet. Und wie es immer Individuen gibt, die sich kraft des menschlichen Unvermögens zum Allgemeinen ganz in das Einzelne und Spezielle vertiefen und sogar Leidenschaft dafür entwickeln, haben sich Menschen zum Bergsteigen entschlossen und bald auch zu Vereinen zusammengefunden. Ähnlich wie Briefmarkensammler auch Vereine gründen. Allerdings liefert das Bergsteigen mehr Gefühlsinhalte und einen größeren und weitergespannten Erlebnisbereich.

Das Gebirge ist in erster Linie eine geographische Erscheinung. Als solche wird es sicher auch noch über lange Zeit hin eine gewisse Merkwürdigkeit haben.

Ob seine touristische Bedeutung erhalten bleibt, ist nicht so sicher. Fremdenverkehrstechnisch scheint es zunächst einer noch bedeutenderen Zukunft entgegen zu gehen. Man rühmt ihm stille Gegenden, gastronomisierte Täler, spektakuläre Kulissen und gesunde Luft nach.

Besonderen Eindruck macht das Gebirge von der Ebene und von den Tälern aus. Von dort wirkt es mächtig, aufgereckt, schön. Deshalb sollte man es vor allem von unten bewundern. Auch Goethe hat das empfohlen. Er hat die Gebirge nicht viel bestiegen. Die Bergsteiger hingegen lassen sich immer wieder von dem schönen Anblick, die die Gipfel in die Ebene oder ins Tal herunter gewähren, verleiten und steigen hinauf. Das bringt dann zuweilen anregende Abenteuer, immer Ermüdung und eine gewisse geistige Leere. Hieraus entspringen angenehme Befriedigung oder auch gelegentlich gespürte Enttäuschung nach Bergfahrten.

Das Gebirge selbst ist unwirtlich und deswegen nicht von vornherein für den Aufenthalt des Menschen geschaffen.

Das Gebirge ist komisch

Ist das Gebirge schön?
Oder ist das Gebirge häßlich?

Was heißt überhaupt „schön"?
Anstatt lexikaler Antworten die alte Klarstellung nach der Fundamentalerörterung aus Kants Kritik der Urteilskraft:
„Die Seinsweise des Schönen, das, ohne das Besitzstreben unmittelbar zu erregen, reines interesseloses Wohlgefallen hervorruft, weil es in sich vollendet ist, nämlich eine vollkommene Einheit in der Mannigfaltigkeit, Harmonie in seinen Teilen, geglückte Übereinstimmung von Bild und Urbild, von sinnlicher Erscheinung und intelligiblem Wesen eines Seienden ist."

Schiller hat weniger exakt, literarischer und leichter lesbar definiert:
Das Schöne ist „Freiheit in der Erscheinung" als Selbstoffenbarung des Geistigen und Sinnlichen.

Von Hegel eine kürzere Fassung der Kantschen Gedanken:
Schönheit ist das sinnliche Scheinen der Idee.

Wenn die von Kant geforderte Harmonie in den Teilen die geglückte Übereinstimmung von sinnlicher Erscheinung und intelligiblem Wesen nicht erreicht wird, ergeben sich als Abweichungen vom

Schönen das Erhabene oder nach anderer Richtung das Komische. Man könnte sagen, beim Erhabenen bleibt die sinnliche Darstellung dem geistigen Gehalt gegenüber unzulänglich. Der geistige Gehalt überragt.
Umgekehrt bleibt beim Komischen der geistige Gehalt unzulänglich und die sinnliche Darstellung herrscht vor.
Ein absoluter Gegensatz zum Schönen ist das Häßliche. Hier fehlt jede Harmonie als Voraussetzung für die Schönheit.

Gewöhnung

Der Bergsteiger steht zu seinem Gebirge in einer Beziehung. Der Bergsteiger steht auch zu seiner Tat beim Bergsteigen in der Beziehung, nimmt an einer Wirklichkeit teil, an einem Sein, das nicht nur in ihm oder nicht nur außer ihm ist.
Alle Wirklichkeit ist im Wirken. Ist Teilnahme. Ohne zu wirken nimmt nichts und niemand teil.

In dieser Verwirkung liegt die Fragwürdigkeit der Urteilskraft über das Schöne. Der Umgang, die Teilnahme an dem zu Beurteilenden ist also eine Voraussetzung. Als schön können wir alle immer erst etwas empfinden, wenn wir es schon bis zu einem bestimmten Grad gewöhnt sind, wenn wir uns an die Teile, an die Komposition der Teile, an Gestaltung und seine Formen gewöhnt haben: In jeder Zeit wurden bahnbrechende Malereien nicht sofort als schön empfunden. Man kennt die Fälle „Rembrandt“ und „Deutscher Expressionismus“, „Manet“ und „Kubismus“. Oder bei Berglandschaften die Voralpenmalerei von Karl Haider. Zu allen Zeiten wurde neue Musik, die ganz neue Wege ging und auf Gewohntes verzichtete, nicht sogleich verstanden. Als Perotinus Magnus, der gotische Notre-Dame-Meister, um 1190 seine neue Musik singen ließ, erschrak das fromme Volk von Paris, hielt sich die Ohren zu und lief aus der Kirche. Doch nach einiger Zeit hatten die Pariser gelernt, diese Musik zu hören. Bald fanden sie sie groß, erhaben und auch schön. Die Musik entwickelte sich weiter. Perotinus wurde vergessen. 750 Jahre später, in unserer Zeit, sang die Capella Antiqua zum Ausklang einer großen Meßfeier in München Perotinus. Unsere Zeitgenossen, an mozartsche Kirchenmusik gewöhnt, verließen erschreckt die Kirche. Erst Übung läßt uns die Schönheit der Musik von Perotinus wieder verstehen.

Auch das Gebirge wird dem, der zu ihm geht, erst Gebirge in der Begegnung. Es kann erst als schön empfunden werden, wenn zwischen ihm und dem Begegnenden Wirkung geschehen und so das

Ungewohnte akzeptiert wird. Kann also erst als schön empfunden werden, wenn die zunächst noch nicht wahrgenommene Harmonie, welche Schönheit bedingt und deren Fehlen das Gebirge häßlich erscheinen läßt, erlernt, gewöhnt und verstanden wird.

Als Quintessenz:
Gebirg ist nicht schön oder nichtschön.
Ist nicht erhaben oder nichterhaben.
Ist nicht komisch oder nichtkomisch.
Gebirg ist ein geologisches, geographisches, naturgeschichtliches Gebilde, das auf die Menschen unterschiedlich wirkt.

Was heißt hier „schön"?

In einem exklusiven Alpenclub warf man einmal die Frage auf:
„Sind die Berge häßlich?"
Ergebnis: Der junge Bergsteiger, der sich nicht mit Gemüt belastet fühlt und Realist ist, sagt möglicherweise „ja".
Jeder, der über das Gebirge schreibt oder redet, meint, vom schönen Gebirge reden zu müssen, denkt aber oft nicht, was das Wort „schön" bedeutet.

Fendt, ein großer Bergsteiger der dreißiger Jahre, berief sich auf Kant:
„Die Berge sind nicht schön, sie sind auch nicht erhaben, sie sind viel eher komisch“.

„Damit überhaupt Schönheit sei, muß es notwendigerweise einen Betrachter geben, der sie feststellt. Jedoch darf man ästhetisches Urteil und Lustempfindung nicht verwechseln.
Das Schöne ist nicht das Angenehme, das Hübsche. Der echte ästhetische Genuß liegt auf einer ganz anderen Ebene als das kleine oberflächliche Vergnügen, das von einem angenehmen Gegenstand hervorgerufen wird.“
So sagt Kahnweiler und klagt darüber, daß das Wort - der Begriff - „Schönheit“ nicht für das Kunstwerk aufgespart geblieben ist, für das Geformte, das Unveränderliche, der Vergänglichkeit Entrissene.
„Nun zieht jeder dieses Wort im Staub herum, spricht von der schönen Landschaft, dem schönen Weibe.“ Seinen Bewußtseinsinhalt „Landschaft“ müsse der Mensch erst aus einem nur für ihn Seienden, aus einer „Erinnerung“ umformen zu einer „Veräußerung“, zu einem für die anderen, für alle Seienden. Dann erst dürfe der Mensch von Schönheit reden.

Die einfach so gesehene und empfundene Berglandschaft kann demnach eigentlich nicht schön sein. Sie kann angenehm wirken, sie kann anmuten, ihr Anblick kann Schaulust erregen, kann Empfindungen angenehmen Inhalts wachrufen. Häufig aber vermag sie nicht einmal dies, sondern stoßt ab, ängstigt, weist zurück, liefert ungeordnete Eindrücke, vermittelt Empfindungen unangenehmen Inhalts.

Faszinierend häßlich

Das Gebirge wirkt überwiegend häßlich. Zu verschieden sind die Prinzipien seiner Gestaltung:
Da ist Sedimentieren. Dann Faltung, Erosion, Vegetation und wieder Zerstörung der Vegetation. Ein durchdringendes Prinzip der Gestaltung fehlt. Es sei denn, man würde „Zerstörung“ ein solches nennen.
Das Hochgebirge ist bildgewordener Verfall.
Das Hochgebirge ist faszinierend häßlich.
Das Bergsteigen ist nichtsnutziges Tun in dieser faszinierend häßlichen und oft auch inhaltslos öden Un-Landschaft.

Stadion für neue Schauspiele

Das Gebirge kann entsetzlich sein. Es ist leer, vergleichbar mit einem leeren Stadion. Der Mensch füllt es mit seinem Tun erst an. Der einzelne mit einer lächerlichen Winzigkeit.
Ein Grat ist für sich noch kein Grat. Vom Tal aus gesehen, ist er nur Silhouette, Linie, Form. Erst weil er begehbar gedacht, gar begangen wird, wird er Grat.
Das Gebirg ist leer. Der Mensch füllt es mit seinen Ideen. Er trägt seine Gedanken, Wünsche, Vorstellungen, Urbilder hinein und darin herum. Das Gebirg ist leer.
Der Mensch interpretiert das Gebirge.
Es wird für ihn Urlandschaft, reine Landschaft, dämonische Welt, gewaltige Welt, begeisternde Szenerie, Daseinssymbol, Wolkennahheit, Kultgebiet. Das Gebirge für sich aber ist leer. Deshalb sucht es der übervolle Mensch auf.

Hie und da eine kühne Form

Zur einen Seite
eine kilometerlange Randmoräne,
zur anderen eine riesige Blockhalde.
Ringsum Verfall, Schutt, geborstene Grate, zerbrochene Flanken. Graue Gletscher wälzen sich herab. Hie und da hab' ich eine anmutende kühne Form gesehen:
Das Adlerhorn von der Fluhalp.
Die Eiswand der Lenzspitze.
Die Vajolettürme zwischen Nebelschwaden.
Aber alle erschrecken sie den normalen Beschauer.
Schon die edle Gestalt des Weißhorns begeistert nur den, der vorgestimmt ist.
Da und dort hab ich eine schöne Linie gesehen:
Die Kuppen von Castor und Pollux.
Die Kalotte des Montblanc.
Die Pyramide des Venedigers.
Den Machepuchare von Pokhara aus.
Sie waren schön, solange ich sie aus der Ferne sah.
In der Nähe zeigte sich allemal Wüstenei.
Das Morbide solcher Unbilder kann Farb- und Formreiz vermitteln. Aber Zerfall und Zerstörung vermag ich nicht schön zu denken. Hier finden sich kaum Harmonie und Vollkommenheit. Hier ist keine „ästhetische Positivität".
Hier läßt sich auch nicht nach Birkhoff ein positives ästhetisches Maß aus dem Quotienten von

Vielfalt und Ordnung erreichen, weil Ordnung völlig fehlt.
Nur der vollkommene, ungestörte Vulkankegel, dessen Form von einer mathematischen Kurve bestimmt wird, genügt den Anforderungen: Cotopaxi, Fujijama, Pico Orizaba.
Ich erinnere das schöne Bild des Ätna, von Taormina aus, im Dunst des Morgens.
Aber geh' ich dem *mons idealis* zu nahe, finde ich zerklüftetes Eis, Lava und Asche.

Taormina

Begonnener, verwarteter, verweilter Tag im Halbrund des griechisch-römischen Theaters.
Ich sehe das Bild des Ätna, mein Auge liest die Figur, ich weiß den Berg. Ich träume den Vulkan.
Eine Gestalt im Lichtspiel, der maßlos gedehnte Kegel mit weit ausgreifenden Linien. Aus der weißen Spitze steigt eine Rauchfahne in die Bläue des Himmels. Das klassische Schaubild vor mir; Johann Georg von Dillis, Carl Rottmann haben es gemalt, und wohl jeder andere auch, der mit Farben hierher kam.
Taormina, Timeo, Theater, Tagträumerei. Und Mongibello – so nennen die Sizilianer ihren Berg der Berge.

Der Vulkan träumt mich. Der Weg durch die Sonne, Liedgedanken während des Stapfens im Schnee, die langen Stunden, die Monotonie und die Wiederholungen, das Ende des Weges. Der Kraterrand. Alle Sinnlosigkeit des Hinaufsteigens. Das Obenseinwollen, das ist es. Das Auch-oben-gewesen-Sein ist nur ein großsprecherischer Ersatz für die Traumlinien des Wünschens.
Die Szene des Aufstiegs und die des Abstiegs und die Gipfelszene können nur Realisationsepisoden sein.

Der Gipfel im Dunst der Ferne. Seine Gestalt konkurriert mit dem Meer. Über goldockerfarbenem Land thront der Vulkan. Als wäre er unbetreten. Als würden die Touristen nicht kübelwagenweise hinaufgekarrt. Mein Bild enthält nicht die Autos, die Kabinenbahn, die Skilifte. Der Vulkanberg vor mir, als wäre er unbetreten.
Empedokles. Sein Sturz in den Schlund der Erde. Friedrich II., der Staufer, ruht in der Tiefe des Berges.

Ich verweile hier im Theater. Und sehe über den Säulen und Mauerresten den fernen, den unwirklichen, den tatsächlichen, den unbestiegenen Mongibello.
Ich sehe den Berg. Ich bleibe hier.
Mir schmilzt die Nähe des Kraters nicht das Wachs meiner Sehnsuchtflügel.

Kulissen

„Niemand hat ein Recht, diejenigen zu schelten, die in jener ‚häßlichen‘ Kulisse ihr Lebensglück ansiedeln“, erwiderte der erfolgreichste Bergbüchermacher der sechziger Jahre.

Wer siedelt schon in einer Kulisse sein Lebensglück an? Ein kurzweiliges Zwischenglück vielleicht.

Aber doch nicht sein Lebensglück.

Ausgenommen der Schauspieler.

Wie ferngerückt sind Kulissen dem wirklichen Leben; sie deuten nur an und nur von einer Seite, von der des Publikums. Sie täuschen vor, sie sind nicht echt. Freilich, zwischen ihnen läßt sich im Rampenlicht oder auch vor dem leeren Saal bedeutungsvoll hin- und herschreiten. Es läßt sich Lebensglück darin aufführen. In Szenen.

Der Vergleich des Gebirges mit einer Kulisse entstellt die wirklichen Gegebenheiten.

Wir sind in die wahre Wirklichkeit gesetzt. Das Gebirg soll uns nicht Kulisse sein. Wir wollen, daß dieses Gebirg handgreiflich ist.

Über den Zweck des Bergsteigens

Im vorigen Jahrhundert hatte das Bergsteigen einen Zweck: Erschließung der Alpen. Diesen Zweck hat der Alpinismus erfüllt. Die vielen, noch nicht ganz erschlossenen Gebirge weit herum auf der Erde ändern an dieser Tatsache nichts. Es handelt sich um eine abzusehende Zeitspanne. Alles ist schon angefangen.

Der Durchschnittsbergsteiger unserer Tage hat keine Erschließeraufgabe mehr. Welchen Zweck hat also sein Zu-Berg-Steigen? Gar keinen praktischen Zweck. Er steigt zu Berg, „weil es ihn freut". Diese Formulierung ist schon über 80 Jahre alt. Einst war das eine Erkenntnis.

Das Bergsteigen hat also keinen anderen Zweck, als den Bergsteiger zu befriedigen. Er reagiert sich am Berg ab, sei es körperlich, sei es durch die kühne Tat in steiler Wand, sei es durch das seufzertiefe Empfinden der Landschaft, des Gebirges, der Welt. Die eine Form führt zum Felsturnen. Die andere zum psychisch wichtigen Erfolgserlebnis. Die dritte Form wird in letzter Steigerung zu einem naiven Pantheismus.

Manche behaupten, ihre sehr extremen Bergwagnisse erfüllten keine dieser Aufgaben. Dann wird eine solche Tat zu einem Beispiel für baren Unsinn: Eine nächtliche Winterbesteigung irgendeiner

besonders schwierigen und langen Wand, womöglich noch allein durchgeführt. Als Erklärung dient oft die Vokabel *Abenteuer.*
Freude am gefährlichen Weg, am unbegangenen Weg, an der unsinnigen Tat. XY ließ sich in einem Faß die Niagarafälle hinuntertreiben.

Anfänge und Endpunkte

Taten und Ereignisse, die Anfänge markieren. Und sichtbare Endpunkte. Mit denen Entwicklungen abgeschlossen sind. Die Erstbezwingung berühmter schwieriger Gipfel und großer Wände ist der Endpunkt einer Erschließungsgeschichte und zugleich der Anfang der Viel- und Massenbegehung.
Das Matterhorn, der Everest, der Nanga Parbat, der Kantsch lieferten Bücher der Ersteigungsgeschichte.
Die höchste Wand der Ostalpen, die Watzmann-Ostwand, und die finsterste Wand der Westalpen, die Eigerwand, boten dramatische Kämpfe um einen Weg. Mißerfolge, Verletzte, Tote kennzeichnen die Eroberung der Gipfel und Wege. Irving verschwand im Nebel des Everest. Schöllhorn stürzte am Watzmann zu Tod. Kurz starb in der Eigerwand im Seil. Das waren aber keine Endpunkte in der Ersteigungsgeschichte.

Anfänge und Endpunkte waren dies:

1786	Montblanc (J. Balmat und M. Paccard)
1800	Großglockner (Pfarrer Horasch von Dölsach und Begleiter)
1853–63	John Ball erforscht die Hochregionen der Westalpen und schreibt einen ersten alpinen Führer
1857	Gründung des Alpine Club in England, London
1865	Matterhorn (Whymper und Gefährten)
1866	Winterüberschreitung Strahlegg- und Finsteraarhorn H. Walker und A. W. Moore
1868–71	Hermann von Barth, führerlose Erschließung der Ostalpen
1884/85	Die Brüder Zsigmondy und L. Purtscheller, führerlose Westalpenfahrten (Monte-Rosa-Ostwand, erste Überschreitung Meije)
1880	Chimborazo (Whymper und Carrel)
1889	Kibo – Kilimandscharo (Hans Meyer und Ludwig Purtscheller)
1890	Fünffingerspitze, der letzte selbständige Gipfel der Ostalpen, bezwungen
1899	Guglia di Brenta (Berger und Ampferer)
1906	Der letzte Viertausender, der Mont Brouillard, im Montblancgebiet erstiegen
1913	Mount McKinley (Hudson Stuck)
1924	Großes Wiesbachhorn NW-Wand – Welzenbach und Rigele verwenden Eishaken

1925	Fleischbank-Südostwand – Wiessner und Rossi verwenden Haken zur Fortbewegung nach oben.
1933	Große-Zinne-Nordwand (E. Comici, A. und G. Dimai)
1938	Walkerpfeiler (Cassin, Tizzoni und Esposito)
1938	Eiger-Nordwand (Heckmair und Vörg, Harrer und Kasparek)
1953	Mount Everest (Hillary und Tensing)
1953	Nanga Parbat (Buhl allein)
1958	Große-Zinne-Nordwand, Direttissima (Hasse, Brandler, Lehne, Löw).
1977	Pumprisse (H. Kiene und R. Karl)
1978	Mount Everest ohne Verwendung künstlichen Sauerstoffs (Messner und Habeler)

Das ist keine Geschichte des Alpinismus in Kürzestfassung. Das soll auch keine Ruhmestafel sein. Das ist des Autors ganz persönliche Liste für Anfänge und Endpunkte.
Anstöße zum Nachdenken. Die Zeit wird die Liste fortsetzen.

II.
Klettern

Rausch an der Tat

Die extrem ausgeprägte Form des Tatbergsteigens ist Klettern.
Das Klettern ist die unsinnigste Form des Bergsteigens. Es ist der reine Rausch an der Tat. Das Landschaftsempfinden weicht dem Empfinden der Bewegung, der Höhe, der Tiefe, der Schwierigkeit, der Überwindung. Das Klettern ist schon weniger ein Umgang mit dem Berg, als vielmehr ein Umgang mit sich selbst. Da ist der Berg nur noch ermöglichendes Gerüst. Der Gipfel ist nur noch selten das Ziel. Das Klettern ist das reine Tun um seiner selbst willen.
Jeder Intensiv-Bergsteiger erlebt in seiner Entwicklung das Stadium des extremen Kletterers; wenn nicht tatsächlich, dann wenigstens im Wunschtraum. Dieses Stadium ist Unreife. Manche Männer verlieren den Sturm und Drang der Pubertät oft ein Leben lang nicht. Erst im Altern werden diese Erscheinungen durch Erkenntnis und Schwäche gemildert oder verschwinden.

Das Klettern ist für jeden, der es einmal getan hat, unbändig schön. Und für andere ist es das Allerunsinnigste.

Ist Bergsteigen Sport?

Ja. Bergsteigen ist, zum Beispiel in der Form des Kletterns, Sport.
Ein Franzose schlug als Begriffsbestimmung des Sports vor (und verlangte, sie solle gesetzlich werden):
„Der Sport ist eine Körperübung, die methodisch geübt wird, nicht nur in Hinsicht auf die Vervollkommnung des menschlichen Leibes, sondern auch zur Erziehung des Geistes, dessen Willenskräfte, Entscheidungs- und Beharrungskräfte zu entwickeln ihm vor allem ein Anliegen sein soll."
Diese Definition erübrigt jede Diskussion, ob Bergsteigen und Klettern Sport ist oder nicht. Die meisten Auseinandersetzungen über diese Frage litten darunter, daß nie vorausgestellt wurde, was unter Sport zu verstehen war.

Da heute Bergsteigen keineswegs mehr Betätigung zur Vermehrung der Kenntnis über die Alpen sein kann, ist Bergsteigen in erster Linie eine Körperübung (alle Begriffsbereiche von Ausgleichsbetätigung, Bewegungstraining bis zur Bewegungstherapie haben ihre Komponente in dem Begriff Körperübung). Diese Körperübung hat zusätzlich den Freudenbereich des Landschafts- und Naturerlebens beigesellt. Auch der Segelsport und das Faltbootfahren haben diese zusätzlichen Erlebnisbereiche.

Das Bergsteigen zielt wie jeder Sport auch auf die Vervollkommnung des menschlichen Leibes. Aber mehr als andere Sportarten darüber hinaus auf eine Erziehung der menschlichen Intelligenz, der Willenskräfte, Entscheidungs- und Beharrungskräfte. Diese aber sind gerade das wesentliche Kennzeichen echten Sportes.
So ist Bergsteigen mehr Sport als etwa Gewichtheben.

Das Wort Sport kommt vom altfranzösischen Wort „desport“ (dieses wiederum vom spätlateinischen „desportare“) und bedeutete Spiel, Erholung, Liebhaberei.
Sport steht im Gegensatz zum Turnen einerseits und zum Spiel andererseits: In dieser Abhebung zeigt sich beim Sport die meßbare Leistung als wichtiges Merkmal.
Im Bergsteigen gibt es Sonderformen des Spiels, einerseits mehr nach der Seite des Turnens und andererseits mehr nach der Seite des Spiels hinüberneigend. Seinem Wesen nach steht das Bergsteigen, als Sport gesehen, aber grundsätzlich dem Spiel näher.

Leute, die über den Sport nachdenken oder darüber diskutieren und schreiben, besinnen und berufen sich gerne auf die olympische Herkunft des Sportes und zitieren jene adelige Form des Sports, in der reine Gesinnung, körperliche Tüchtigkeit

und Schönheit und religiöse Idealisierung sein Wesen bestimmen.
Die Kritiker reißen als extrem anderen Pol das Bild des spätrömischen Circus auf, sprechen von Disharmonie und Revolution der niedrigen Instinkte, vom Triumph der körperlichen Leistung über die Kultur des Geistes und einer Herrschaft des Animalischen.
Wieder andere meinen, dem Phänomen Sport kritisch nahezukommen, wenn sie das Maß der Zuschauerzahlen heranziehen: Wenn zwei Boxer sich im Sportpalast bekämpfen, sich blutig schlagen, bis einer zu Boden geht, applaudieren 10000 Zuschauer zu dem blutrünstigen Zeitvertreib. Wenn der 1. FC Köln gegen den FC Bayern ein Fußballspiel austrägt, ist ein Stadion mit 70000 Zuschauern prall voll. Also 22 Akteure zu 70000. Wenn 500 Leichtathleten im Dante-Stadion auftreten, findet man dort vielleicht 2000 oder 4000 Zuschauer. Wenn zwei Kletterer nicht an der Großen Zinne, sondern etwa am Öfelekopf im VI. Schwierigkeitsgrad klettern, haben sie keine Zuschauer. Es drängt sich auf, den Quotienten zu betrachten. Also 2/10000 oder 22/70000 oder 500/4000 oder 2/0. Die Bergsteiger wären die sportlichsten, vorausgesetzt, die Größe dieses Quotienten wäre ein Maß für die Sportlichkeit. Den beiden Boxern wäre nur noch ein kaum meßbares Minimum an Sportlichkeit zuzusprechen, den Leichtathlethen ein Normalmaß.

So einfach berechenbar ist Sportlichkeit aber nicht. Mit dem Quotienten aus Anzahl der Sportler geteilt durch Anzahl der Zuschauer kommt man dem Problem nicht bei, obgleich die beigezogenen Beispiele den Eindruck erwecken möchten.

Pater Benedikt Joseph Dickel geht bei einer Durchleuchtung des Sports mit Alpinisten hart ins Gericht: Er brandmarkt alle Extravaganzen und Tollkühnheiten der Abenteurer der Berge. Er meint: Der richtig verstandene Bergsteigersport, ausgeübt mit Klugheit, sei ein edler Sport, eine Quelle tiefer Freuden. Aber der Bergsteigersport sei ähnlich entstellt wie andere Sportarten - hier von einem Schwarm von Dummköpfen, kraftmeierischen Gelegenheitskraxlern und dilettantischen Bergakrobaten, die ihr Leben und das der anderen billig feilhielten.

VI. Grad, 100 Meter in 7:50 Minuten

Der Deutsche Alpenverein schien es 1972 anläßlich der Olympischen Spiele in München nicht auszuschließen, daß eines Tages um Anerkennung des Wettkletterns als olympische Disziplin nachgesucht werden wird.

In der Sowjetunion werden Meisterschaften im Sportklettern seit 1947 veranstaltet. Die Anregung zu diesen Wettkämpfen kam aus dem Kaukasus. Dort leitete 1945 Iwan Antonowitsch ein Bergsteigerlager und versuchte das mangelhafte Können seiner Instruktoren durch gefahrloses Wettklettern zu verbessern.

Manfred Sturm hatte 1972 über die 5. Sowjetische Meisterschaft (1971) in Deutschland berichtet:
Die Wettkämpfe, die Stadtmannschaften aus ganz Rußland mit Teilnehmern beschickten, die sich vorher in Ausscheidungskämpfen qualifizieren mußten, dauerten insgesamt zehn Tage und fanden im Jailagebirge statt.
Es wurden drei Disziplinen ausgetragen:
1. Das Parallelklettern.
An einer Felswand werden zwei annähernd gleich schwierige, etwa 45 Meter hohe Routen im vierten bis fünften Schwierigkeitsgrad abgesteckt. Zwei

Teilnehmer starten gleichzeitig, seilen nach Erreichen einer Plattform ab und wechseln die Pisten. Gewertet wird die Gesamtzeit einschließlich Abseilen.

2. Das Einzelklettern.

Es führt über eine etwa 100 Meter lange Strecke im sechsten Schwierigkeitsgrad. Gewertet wird ein Aufstieg plus abseilen bis zu einer Plattform auf halber Strecke.

3. Das Seilschaftsklettern.

Hier stehen den Teilnehmern mehrere Routen zur Auswahl, die anhand von Photos vorher festgelegt werden. Gewertet wird die Länge der Strecke, die der letzte Mann der Seilschaft, einschließlich einem 16 Kilogramm schweren Rucksack, innerhalb einer halben Stunde zurücklegen kann. Dazwischen liegt meist ein Standplatzwechsel.

Diese dritte Disziplin gibt es nur für Männer, bei den ersten beiden werden für die Damen etwas leichtere Routen gewählt.

Die Teilnehmer werden alle von oben über eine Stahlseilwinde gesichert. Es kann also nichts passieren. Wer stürzt oder Griffe außerhalb der abgesteckten Route benutzt, scheidet aus bzw. bekommt Minuspunkte.

Die Männerstrecke der Einzeldisziplin war etwa 100 Meter hoch und wies dabei durchwegs den obersten Schwierigkeitsgrad, ohne jegliche Hilfsmittel, auf. Bestzeit des Leningraders Markielow: 7 Minuten und 50 Sekunden.

Für die russischen Kletterer wurden die Felsen in den Klettergärten zum Selbstzweck, und die Stoppuhr als Leistungsvergleich lag da sehr nahe. So wurden sie zu Hochleistungssportlern. Den Russen verschaffte ihr Training ein Leistungsniveau, das zeitweise deutlich über dem westeuropäischen lag.

Dem Wettklettern stehen in den westlichen Ländern zwei Tendenzen entgegen:
1. In den Alpen sind bis heute der Berg oder die Route das Ziel, nicht die Zeit.
2. Die Freikletterbewegung (Rotpunkt-Klettern) hat die westlichen Kletterer, auch die englischen und amerikanischen, in neue Dimensionen der Schwierigkeit und der Sportlichkeit hineinwachsen lassen und die russische Wettkletterei zur Seite geschoben.

Training

Was befähigt zu außergewöhnlichen Kletterleistungen?
Beispiel: Nina Ninakowa, Siegerin bei einem Damen-Wettklettern, trainierte etwa zwei bis vier Stunden täglich, vorwiegend in den nahe bei Leningrad gelegenen Klettergärten. Kraft- und Laufübungen waren Teil ihres Trainings. Joga und Ballett förderten ihre Konzentrationsfähigkeit und das Gleichgewichtsgefühl.

Free

Und es mußte so kommen: Artifizielles Klettern ist überholt. *Free* ist der neue letzte Schrei. Im Lauf der siebziger Jahre dieses Jahrhunderts entwickelte sich eine, wie man meinte, neue Auffassung von Felsklettern. *Free* wurde das Stichwort. Diese elegante Mode des Sportkletterns hat ihre Differenzierung aus England und Amerika. Um 1980 unterscheidet man vier Variationen des Freikletterns:

1. Klassisches Freiklettern angeseilt (Classic Roped Free Climbing): Zwei Kletterer sind mit einem Seil verbunden. Der Seilerste bringt während des Kletterns Sicherungen an. Dabei wird er von seinem Partner gesichert. Wenn der Erste einen Standplatz erreicht hat, sichert er seinen Partner zu sich hinauf. Seil und Ausrüstung haben nur die Aufgabe, die Folgen eines Absturzes in Grenzen zu halten. Sie werden weder zur Fortbewegung noch zum Ausruhen benutzt. Zur Fortbewegung werden nur die natürlichen Felsgegebenheiten genützt.

2. Bouldern: Der Boulderer erklettert Felsblöcke von wenigen Metern Höhe ohne Seil und Ausrüstung. Bouldern ist ein Spiel der athletischen, freien Bewegung am Fels ohne alle objektiven Gefahren, die ein Berg bringt. Früher war Bouldern als Training für Freikletterer gedacht, heute ist es selber zu einer Sportart geworden.

3. Top-roping: Bouldern mit Sicherung von oben. Hier kann der Kletterer ohne Angst vor Sturz und Verletzung bis an die äußersten Grenzen seiner Möglichkeiten gehen.

4. Seilfreier Alleingang (Free soloing): Von Puristen wird der seilfreie Alleingang als die reinste Form des Freikletterns betrachtet. Ohne jegliche Ausrüstung braucht er eine harmonische Verbindung zwischen Geist und Körper, um diese Kletterart sicher betreiben zu können. Der Kletterer muß seine Leistungsgrenze sehr genau und verläßlich kennen.

Als sich der neue Klettertrend *free* ausbreitete, fanden sich gewisse ungeschriebene Gesetze für das „Freiklettern". Bei einer „freien Begehung" durfte sich der Kletterer während des Aufstiegs keiner artifiziellen Technik bedienen. Er hatte nur seinen eigenen Körper zu benützen, um aufzusteigen. Er verwendete seine Ausrüstung nicht zum Vorwärtskommen oder Ausruhen.

Solche allgemeine Regeln verfeinerten sich bald, und heute erlaubt man sich für die Vorbereitung von *free*-Routen allerlei Versionen:
1. Pre-viewing: Abseilen oder absteigen über eine Route, um die während des Kletterns zu erwartenden Probleme zu studieren.

2. Pre-protecting: Vor dem Versuch, die Route frei zu klettern, werden Sicherungen angebracht.
3. Rehearsing: Der Kletterer ist beim Einüben entweder von oben gesichert (*toprope)* oder benützt Keile und Haken zur Fortbewegung oder zum Ausruhen, vor seinem Versuch die Route *all free* zu klettern.
4. Aid-rest: Ähnlich dem Rehearsing. Soweit möglich freie Kletterei. Nach einem Rutscher oder Sturz darf vom letzten Haken noch einmal freikletternd begonnen werden.

Free ist natürlich und nicht neu.
Vor Erfindung des Hakens waren die meisten Kletterer frei unterwegs. Paul Preuß während seines ganzen Bergsteigerlebens.
Und auch „soloing“ ist nicht neu:
Dülfer im Dülferriß der Fleischbank. Dieter Marchardt in der Matterhorn-Nordwand. *Roped free-climbing* und *free-soloing* vor Jahr und Tag. Aber jetzt, nach den Jahrzehnten des artifiziellen Kletterns ist es eine Rückkehr.

Beweggründe

Für das Bergsteigen gibt es verschiedene Beweggründe, selten einen allein:

1. Leistung als Maßstab.
(Erreichen von Höhe.
Überwindung von Schwierigkeit.
Schnelligkeit.)

2. Körperbewegung als mühsames und angenehmes Erlebnis.

3. Ästhetisches Erlebnis einer extremen Landschaft.

4. Erlebnis von Gemeinschaft.

5. Erleben der eigenen Person.
(Erfolgserlebnis. Erleben von Gefahr.
Überwindung von Angst und Furcht.)

6. Freude am Beifall.

7. Gelderwerb.

Tapferkeit, Mut, Kühnheit

Das Risiko wird zum Maßstab des Hochtouristen und des Kletterers. Große Taten mit all den Maßnahmen zu ihrer Vorbereitung kann man ohne Betracht des Risikos nicht verstehen. Die Risiken sind immer auf das engste verknüpft mit dem, was man gemeinhin Ruhmsucht nennt.

Ein Risiko eingehen, kann tapfer, mutig oder kühn sein. Das sind drei verschiedene Eigenschaften. Tapfer kann einer sein, auch wenn er Angst hat. Mutig ist, wer seine Furcht zu überwinden weiß. Kühn ist, wer weder Angst noch Furcht kennt.
Insofern ist Kühnheit auch keine eigentliche Tugend. Sie ist ohne Verdienst. Sie ist eine schöne Eigenschaft des Menschen. Achilles war nicht kühn. Hektor war es nicht. Alexander der Große war es.
Bonatti würde ich tapfer nennen oder mutig. – Man müßte den Menschen kennnen. Hermann Buhl war sicher mutig. Ob kühn? War Dülfer kühn? Ist es Reinhold Messner? Ich habe Maestri nie gesprochen. Vielleicht war er kühn.
Kühn? Wer ist schon, wer war schon kühn? In der ganzen Weltgeschichte ist dieses Prädikat nur einem Herrscher zugebilligt worden, Herzog Karl dem Kühnen von Burgund.

Die deutsche Sprache kennt noch die Tollkühnheit. In diesem Begriff steckt eine, wenn auch immer noch mit Bewunderung gemischte, Abwertung. Tollkühn ist einer, der kühn und zugleich toll ist, der also ein Risiko nicht angemessen abschätzt. Eine vernünftige Kalkulation des Risikos ist mit Kühnheit wohl vereinbar. Erst wer ein Risiko unvernünftig eingeht, ist tollkühn.
Tapfere Bergsteiger erkennen wir an.
Mutige Bergsteiger möchten wir sein.
Kühne Bergsteiger bestaunen wir.
Tollkühne Bergsteiger halten wir für verrückt.

15 von vielen Tausend

Paul Preuß stürzte im Alleingang an der Manndlkogel-Nordkante ab,
Georg Winkler fand am Weißhorn den Bergtod,
Leo Rittler an den Grandes Jorasses,
Lionel Terray in der Gerbier-Ostwand,
Leo Maduschka in der Civetta-Nordwestwand,
Toni Schmid an der Wiesbachhorn-Nordwestwand,
Willo Welzenbach am Nanga Parbat,
Emilio Comici beim Abseilen an der Gardezzawand,
Hermann Buhl an der Chogolisa im Karakorum,
Jürgen Wellenkamp auf einem leichten Abstieg,
John Harlin in der Eiger-Nordwand,
Pierre Kohlmann am Frêneypfeiler,
Heinz Mollier beim Skifahren in einer Lawine,
Toni Kinshofer im Battert,
Albino Michielli im Alleingang am Torre Falzarego.

Von 1945 bis 1978 sind in den Alpen 16 000 Menschen beim Bergsteigen, Bergwandern und Skifahren tödlich verunglückt.

Sachtext zu einer Kletterfahrt (1950)

Einstieg.
Klettergürtel anlegen. Anseilen. Der erste geht.
Seilhalb, Haken, Karabinerschnappen.
Noch fünf Meter.
Stand, Karabiner, sichern, nachkommen.
Haken ausschlagen.
Standplatz vorbeigehen, Haken, Karabiner, Haken, Karabiner, sichern, nachkommen, Standwechsel, sichern, weitergehen, Überhang, Untergriff, Riß, Haken, Karabiner, immer noch Riß, Haken, nochmal Haken, Rißüberhang, Schlüsselstelle, Trittschlinge, Haken, Karabiner, Zug, Trittschlinge, Haken, Karabiner, Zughaken, Karabiner, Zug, noch drei Meter, Stand. Sicherung. Karabiner, nachkommen, Karabiner, Karabiner, Zug. Haken rausschlagen, Zug. Karabiner, Zug, Karabiner, Zug, Stand, vorbeigehen.

Gestuftes Gelände, Seilhalb, noch fünf Meter, Stand sichern, nachkommen, Stand, vorbeigehen, Seilhalb, noch fünf Meter, Stand, sichern, nachkommen, Stand vorbeigehen, Seilhalb, Stand, sichern, nachkommen, Stand vorbeigehen, Seilhalb, noch fünf Meter, nachkommen, Stand, nachkommen, Stand, Ausstiegswand.

Riß, Haken, kleine Querung, Haken, zwei Meter schräg abwärts, Zwischenstand, Haken, Überhang,

Stand, Haken sichern, nachkommen, Karabiner,
Karabiner, Karabiner, Stand, Seil halbaufnehmen,
gemeinsam gehen zum Grat.
Eine Seillänge am Grat.
Ende des Durchstiegs.

Text zu einem Abstieg

Zwischen den Blöcken des Bergsturzes der verwaschenen Markierung nach. Moos und Kraut überwächst den Pfad.

Eine Quelle glänzt am Abhang. Licht im Widerschein.

Die Sonne hinter dem First des Waldberges. Der Nachmittag geht sehr langsam in den Abend.

Begleittext zu zwei Seillängen

Seil
Seil. Seil. Seil. Seil. Seil.
Warum gehst Du nicht weiter.
Unten in den Almwiesen
seh' ich zwei

Mädchen.
Seil. Seil. Seil. Seil.
Seil aus.

Und dann wieder ich.
Riß. Rßiß.
tß. iß. iß.
ß. ß. ß. . . .
Immer noch Riß.
Hasse müßte man heißen.
Blöder Riß.
Verdammter. Irrsinniger.
Weiter gehen nach
dem Stand.
Und immer noch
iß. iß. ßßßß.
Riß.
Verdammter Scheißriß.
Blöder.
Noch fünf Meter.
Jetzt.
Gott sei Dank. Stand. Nachkommen.

Marusch.
Ob Du wohl,
während ich hier noch in der Wand, stumpfsinnig . . .
Marusch, ob Du wohl
und was Du jetzt tust
und vielleicht hast Du
die Rosen zum Fenster hinausgeworfen?

Und ach ja, ach Gott,
Marusch.
Von welkenden Hyazinthen
wollt ich Dir ein Gedicht
schreiben.
Marusch, ob Du wohl
– und was sagst jetzt zu diesem Idiotenriß.
Wär' ich nur
Marusch – ja geh nur – Seil.
Geh zu. Ja genug –
Marusch, ob Du wohl...

Text zu einem Biwak

Schmale, schwankende Nachtgarbe.
Hinter dem Grat
der vergangene Tag.
Geschriebene schmale Zeile.
Ungesagtes.
Wandwissen.
Tiefe ist. Das Kar.
Ein graues Noch-weiter-Hinab.
Gegenüber Silhouetten,
große, gewaltige,
gegratete, gekantete.
Nächtige Konturen.
Erinnerung,
Schmale, schwankende Nachtgarbe.

Samsa

In ein ungeheures Ungeziefer verwandelt sich Gregor Samsa plötzlich. Zuvor war er ein Reisender gewesen und hatte seine Schwester und seine Eltern ernährt. Nun war er, als er in seinem Bett erwachte, plötzlich ein ungeheures Ungeziefer. Kafka hatte ihn aus seiner Situation herausgenommen, hatte ihn verwandelt, dabei aber in der Nähe der Situation gelassen. Nun sah Samsa, wie sich diese veränderte. Hätte Samsa die Situationen wohl jemals so eindringlich erfahren ohne diese Verwandlung, in der er allerdings krepierte? Vielleicht wogen diese Erfahrungen das Krepieren auf. Vielleicht liegt darin der Wert, daß der Bergsteiger sich aus seiner tagtäglichen Situation entfernt. Wenn er es bewußt tut und ihm dabei die Situationen widerfahren, dann könnte doch alles einen Sinn haben.
Man muß ja nicht gleich ein Ungeziefer werden, das Neigungen hat, am Plafond zu kriechen. Vielleicht genügt es auch, wenn man seine Kleider wechselt und urwüchsig im Gebirge umherläuft und nahezu senkrechte Mauern bekrabbelt.
Vielleicht.
Jedenfalls geht es darum, sich aus der tagtäglichen Situation zu wagen.

Der Gefährte

Das Wort ist nah beim Wort Gefahr
und nah auch beim Wort Gefährt.
Der Gefährte ist mehr als ein Begleiter.
Er ist wie ein Gefährt, mit dem man fährt,
mit dem zusammen man verbunden ist,
unlöslich, für eine Weile, und notwendig für
das Fortkommen.
Der Gefährte teilt die Gefahr. Ist aber
auch selbst die Gefahr,
und ich bin seine Gefahr.
Mit dem Gefährten wird die Fahrt stets anders
sein als allein. Am anderen redet sich das Erlebte,
teilt sich und vermehrt sich.
Sammelt sich und kann sich verlieren.
Wer nicht allein zu Berg gestiegen ist, weiß nicht,
was der Gefährte bedeutet.

Verschiedene Gefährten

Viele Bergsteiger verwechseln gelungene Seilkameradschaft mit Freundschaft.
Wenn Du Dir Erinnerungen schriebest über den „Gefährten" – hier gäb' ich einige Kapitelüberschriften.

Jugendgefährte
Der ältere erfahrene Freund
Nur-Seilgefährte
Ein nächtlicher Weggefährte

Gefährte auf dem Weg über hundert Gipfel

Geliebte im Gebirg
Der Vorausgehende
Ein Zweiter am Seil

Alleingang zu zweit

Jugendgefährte

Die Schule und der Zufall hatten uns zusammengebracht. Unser Land war damals ein armes und zerrüttetes Land. Die Städte waren zerschlagen, dreckig und häßlich. Wir begannen, zusammen ins Gebirge zu fahren, zuerst in die bayerischen Voralpen, zum Bergwandern und zu ersten Klettereien. In überfüllten Zügen fuhren wir auf Trittbrettern und zwischen den Waggons. Wir lernten uns das Klettern selbst, am Plankenstein und an den Ruchenköpfen, schleppten riesige Rucksäcke von der Alpspitze über den Jubiläumsgrat oder von St. Bartholomä durch die Watzmann-Ostwand und

waren mächtig stolz, Bergsteiger zu sein. Wir wanderten, kletterten, biwakierten etwa in der selben Weise zusammen, wie man als Schüler zusammen gelernt hatte. Allein konnten wir's noch nicht. Das war es wohl, was unsere „Bergkameradschaft“ bedingte. Die gemeinsamen Wege im Gebirge, die vielen hundert Seillängen, die wir uns gemeinsam gesichert hatten, die Biwaknächte, die Brotzeiten und all das hatte uns nach und nach zu Bergfreunden gemacht. Die Wege gingen erst auseinander zu einem Zeitpunkt, als wir beide das Bergsteigen beherrschten und zudem Leben und Beruf uns in verschiedene Richtungen führten.
Für die großen Wege von Dülfer, Fiechtl, Schober, Schließler brauchten wir uns dann nicht mehr.
Wir wohnen immer noch in der gleichen Stadt, doch haben wir uns aus den Augen verloren.
Wenn man diese Bergfreundschaft loben müßte, fände man keinen rechten Ansatz. Es war alles selbstverständlich, sehr nützlich und gerade daher nichts Besonderes.

Alleingänge

Das vollkommene individualistische Bergsteigen ist das Alleingehen. Der Alleinkletterer ist „wie ein Artist ohne Netz“ (R. Messner). Aber ohne Zuschauer. Der Alleingeher ist ein Mensch, der mit sich selbst unterwegs ist. Seine Leistung bemißt sich allein an seinem Können und an seinem Mut und an seiner Selbstdisziplin.

Stephan Steinberger	– Königsspitze, Erstbesteigung
Hermann von Barth	– Öfelekopf
Georg Winkler	– Winklerturm, Erst- und Alleinbesteigung
Eugen Guido Lammer	– Großvenediger-NW-Wand, Erst- und Alleinbegehung
Paul Preuß	– Guglia di Brenta, Ostwand, Erst- und Alleinbegehung
Hans Dülfer	– Dülferriß an der Fleischbank, Erst- und Alleinbegehung
Emilio Comici	– Comiciweg durch die Nordwand der Großen Zinne, erster Alleingang im VI. Grad

Walter Bonatti	– Matterhorn-Nordwand, neue Route, Erst-, Allein- und Winterbegehung
Hermann Köllensperger	– Unterer Schüsselkarturm, Nordwand, Schoberroute
Hans Wörndl	– Fleischbank-Verschneidung
Hermann Buhl	– Piz-Badile-NO-Wand
Walter Bonatti	– Bonattipfeiler an der Dru, Allein- und Erstbegehung
Hermann Buhl	– Gipfelanstieg (Erstersteigung) des Nanga Parbat
Cesare Maestri	– Via delle Guide am Crozzon di Brenta, VI. Grad allein im Aufstieg und im Abstieg ohne Seil
René Desmaison	– erste Alleinbegehung des gesamten Peutereygrates
Reinhold Messner	– Nanga-Parbat-Südwand
Thomas Bubendorfer	– Les Droites, dir. Nordpfeiler
John Bachar	– Baby Apes im Joshua Tree N.P., 5.13b

III.
Zwischen Kollektiv und Romantik

Der Mensch aus der Menge

„Der Mensch in der Menge – das ist ein Span in ein Bündel gepreßt, das, der Strömung überliefert oder durch einen Stecken uferher Richtung um Richtung empfangend, im Wasser treibt.“
(M. Buber).
Und Kierkegaard sagt, die Menge sei die Unwahrheit. Und alle sehen wir, daß der Mensch in der Menge unfrei ist.
Wir sollen nicht ein Span sein, in ein Bündel gepreßt. Wir wollen nicht in kollektive Unwahrheit gezwungen sein. Wenn wir Unwahrheit akzeptieren, dann ganz individuell als Lüge oder persönliche Phantasie. Wir wollen nicht als Mensch in der Menge unfrei sein.
Das kompensiert der Bergsteiger wochenends und in Urlaubszeiten. Dann ist er kein Span. Er gibt sich selbst die Richtung. Die Abwesenheit von Menschen enthebt ihn der Unwahrheit der Menge. Und er wähnt sich ganz und gar frei. Das ist auch einer der vielen kleinen Antriebe zum Bergsteigen. Die einen wissen davon, die anderen nicht.

Individualismus - Kollektivismus

„Zur Ganzheit des Menschen, zum Menschen als Ganzes dringen beide nicht vor. Der Individualismus sieht den Menschen nur in der Bezogenheit auf sich selbst, der Kollektivismus sieht den Menschen überhaupt nicht. Dort ist das Antlitz des Menschen verzerrt, hier ist es verdeckt."
„Beide Lebensanschauungen - der moderne Individualismus und der moderne Kollektivismus -, wie verschieden auch ihre sonstigen Ursachen sein mögen: Im wesentlichen sind sie Ergebnisse oder Äußerungen des gleichen menschlichen Zustands, nur in verschiedenen Stadien. Dieser Zustand ist durch das Zusammenströmen von kosmischer und sozialer Heimlosigkeit, von Weltangst und Lebensangst zu einer Daseinsverfassung der Einsamkeit gekennzeichnet, wie es sie vermutlich in diesem Ausmaß noch nie zuvor gegeben hat. Die menschliche Person fühlt sich zugleich als Mensch ausgesetzt von der Natur und als Person isoliert mitten in der tosenden Menschenwelt. Die erste Reaktion des Geistes auf die Erkenntnis der neuen unheimlichen Lage ist der moderne Individualismus.
„Im Individualismus unterfängt sich die menschliche Person, diese Lage zu bejahen." Der Bergsteiger ließ sich mit seinem bewußt und gewollt unzivilisierten Abenteuertum im Bereich des Individualismus nieder. Seine Einsamkeit als heutiger

Mensch versucht er so „in eine bejahende Reflexion, einen universalen amor fati zu tauchen“. Während aber der echte moderne Individualismus sich auf diese Weise ein Lebenssystem baut, in dem die Wirklichkeit, wie sie ist, gewollt wird, begeht der Bergsteiger das Groteske, seiner Wirklichkeit zu entfliehen: Er nimmt diesen Individualismus nicht zur Bewältigung seines täglichen In-dieser-Welt-Seins, sondern er gestaltet sich damit nur eine Sonntagsbejahung seines Daseins. Maduschka hatte das sicher anders gemeint, als er vage „Bergsteigen als Lebensform“ pries. Er dachte dabei keineswegs an die falsche Auslegung, die diesem Wort widerfuhr: Das Bergsteigen sei der Inhalt unseres Lebens. Maduschka wollte das In-dieser-Wirklichkeit-ausgesetzt-Sein bejaht wissen. Und in seinem Bergsteigen sah er das Beispielhafte für unser tagtägliches Ausgesetztsein. Das Bergsteigen war ihm symbolisch, vielleicht überhaupt nur ein Symbol. Sektierer verwechseln aber dann die Zeichen mit den Inhalten.
Mit einer Sonntagsbejahung des Daseins ist das Bergsteigertum auf einem Irrweg, der zur Bewältigung des Daseins wenig beiträgt und auch zur Erkenntnis des Menschen im Menschen nicht genügend taugt.
Wozu diese Gedanken, wenn der moderne Individualismus bereits wieder als Fehlverhalten abgeurteilt ist: Der Mensch akzeptiert sein Ausgesetztsein, er akzeptiert sein Isoliertsein als Person. Und

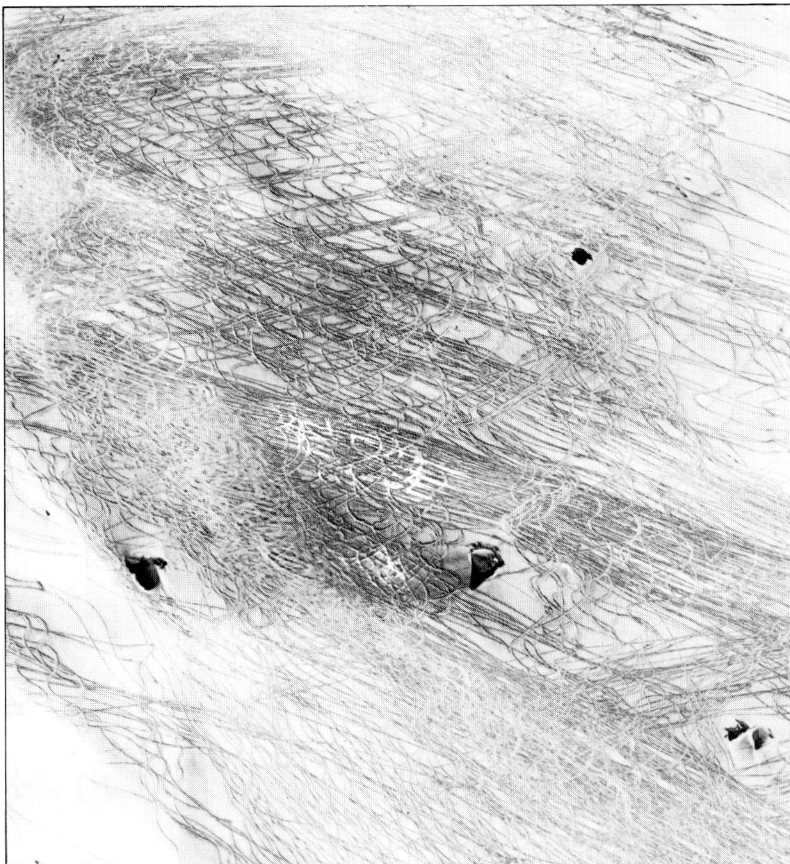

um sich vor der Verzweiflung zu retten, mit der ihn seine Vereinsamung bedroht, ergreift er den Ausweg, diese zu glorifizieren. Der moderne Individualismus hat im wesentlichen eine imaginäre Grundlage. An diesem seinem Charakter scheitert er; denn die Imagination reicht nicht zu, die gegebene Situation faktisch zu bewältigen. Vielleicht lernen die Menschen und also auch die Bergsteiger es zu verstehen, daß die Zeit des Individualismus vorüber ist. Nicht nur, weil es einen Kollektivismus gibt und weil dieser auf der Höhe seiner Entwicklung anlangt. Vielleicht lernen es die Menschen bald, daß sowohl der Einzelne als solcher, wie auch die Gesamtheit als solche, beide für sich betrachtet nur mächtige Abstraktionen sind. Daß die Alternative Individualismus / Kollektivismus falsch ist.

Wenn die Imagination des Individualismus und die Illusionen des Kollektivismus einmal überwunden sind, wird wieder die Begegnung des Menschen mit sich selbst geschehen können, wenn auch „nur als Begegnung des Einzelnen mit dem Mitmenschen". In diesen Bereichen hat das Bergsteigen vielleicht schon manchmal etwas geleistet: bei vereinzelten Seilschaften, bei einigen ganz wenigen Expeditionsgruppen vielleicht, in mancher Gefahrensekunde. In diesen Bereichen hat Bergsteigen die Möglichkeit zu Positivem. Da kann vielleicht das Bergsteigen für die zukünftige Daseinsbewältigung etwas

leisten, kann vielleicht auch dem Menschen, der da zu Berg steigt, weiterhelfen.
Aber noch ist das Bergsteigertum eine groteske Komposition, in der Einzelne dahinträumeln zu den Gipfeln ihrer dämmerblauen Empfindsamkeit.
Oder, schick und verkäuflich formuliert:
Wo die Bergsteiger in bizarren Arenen
nach dem gläsernen Horizont spähen.

Mystiker des Wanderns

„Ich möchte glauben, daß es Menschen gibt, die nicht in ihrer wahren Heimat geboren werden. Der Zufall hat sie in ein gewisses Milieu versetzt, aber sie sehnen sich immer nach einem unbekannten Lande ... Vielleicht ist es dieses Gefühl der Fremdheit, welches Männer in die weite Ferne treibt, auf der Suche nach etwas Bleibendem, an das sich ihr Herz hängen kann. Vielleicht ist es ein tief eingewurzelter Atavismus, der den Schweifenden in Länder (Landschaften) zurückzwingt, die seine Vorfahren in der Morgendämmerung der Geschichte verlassen haben." W. S. Maugham

„Kein Mystiker hat jemals tiefere Bedeutung in gewöhnlichen Dingen gesehen. Der Mystiker sieht das Unsägliche." W. S. Maugham

„Wer geht, der sieht im Durchschnitt anthropologisch und kosmisch mehr, als wer fährt ... Ich halte den Gang für das Ehrenvollste und Selbständigste in dem Manne und bin der Meinung, daß alles besser gehen würde, wenn man mehr ginge."

J. G. Seume

„Wer geht, wer wandert, der bewegt sich nicht bloß in der menschlichen Weise; er sieht auch am besten – nimmt am besten wahr, eignet sich die Welt mit Auge und Atem, Sinn und Seele am gewissesten an.
Denn dies eben ist dem Menschen zugewiesen: daß wenn er geht, er den schönsten Takt findet für die Aneignung der schönen Erde. Darum sind auch die Dichter immer gern gegangen." Hausenstein

„Der Zuspruch des Feldweges ist ganz deutlich. Spricht die Seele? Spricht die Welt? Spricht Gott? Alles spricht den Verzicht in das Selbe. Der Verzicht nimmt nicht. Der Verzicht gibt. Er gibt die unerschöpfliche Kraft des Einfachen."

M. Heidegger

„Das Wanderweh zieht uns in alle Fernen und zu allen Abenteuern – doch die Heimat steht hinter uns wie ein seltsames, bindendes Wunder."

L. Maduschka

„So gehn sie hin in Tat und Traum, von Berg zu Tal, von Tal zu Berg. Ein jedes Ringen mit dem Fels ringt mit den Rätseln ihrer Welt." O. E. Meyer

Das Romantische

Das Romantische – es wurde uns von der Romantik überlassen. Wir sind in dieser Sache weniger als Epigonen. Wir sind sehr verspätet. Die der Romantik nachfolgenden Generationen lehnten das Romantische ab und „wandten sich gegensätzlichen, in der Zeit liegenden Zielen zu" (Bach).

Im Zuge dieser unromantischen Bewegung gründete sich der Alpinismus. Die Entstehung des Alpinismus im vorigen Jahrhundert war eine ebenso unromantische Begebenheit wie die Errichtung der beiden Türme des Kölner Doms. Der Gedanke der Fertigstellung des Doms: ein romantisch-phantastischer Gedanke. Die Tat aber konnte nur in einer ganz realistischen Zeit von ganz und gar phantasielosen, tatsüchtigen Zeitgenossen ausgeführt werden.

Die Romantik selbst war, was die Gebirgsbegeisterung oder gar das Bergsteigen betrifft, keine große Zeit. Aber sie bildete das Romantische aus, und sie schuf einen ganz eigenartigen und wesentlichen Begriff des Wanderers, der um des Wanderns willen wandert, und darum, daß er sich selbst tief in die Natur eingeleidet spürt. Die deutsche Romantik hat diesen Begriff reich formuliert und gänzlich sichtbar herausgebildet. Sie hat in Märchen, Romanen und vor allem in den Liedern das Bild des sehnsüchtigen Wanderers gestaltet und verbreitet und vertieft.

Den sublimen Begriff vom Wandern ererbten sich später die Bergsteiger billig und machten sich daraus ein praktisches Gefühlsschema für das Bergsteigen, das heute noch im Gebrauch ist, obgleich die Konturen, die früher die Eigenart ausmachten, schon sehr abgenutzt sind.

Die alten Volkslieder vermochten noch, Sehnsucht und Ahnung anzustimmen.

Es schienen so golden die Sterne
Am Fenster ich einsam stand
Und hörte aus weiter Ferne
ein Posthorn im stillen Land.

Das Herz mir im Leibe entbrannte,
da hab ich mir heimlich gedacht:
Ach, wer da mitreisen könnte
in der prächtigen Sommernacht.

Die lauen Lüfte, die verführen, das Posthorn, das ruft – „tausend Stimmen der Natur verbinden sich zu einem magischen Fluß, der mitreißt“ (Huch).

Ein Surreal

Das Bergsteigen ist ein gestaltgewordener Anachronismus. Die Sucht nach dem Ödland könnte noch als Ausgleich gewertet werden, aber schon die Art der Bewältigung dieses Ödlandes mutet den Normalen unsinnig an.

Auch die geistige Einstellung des Bergsteigers zu seinem Tun und Treiben ist unzeitgemäß. Man möchte fast meinen, es hätte keinen Expressionismus gegeben, es hätte keine Phänomenologie gegeben, es gäbe keine perfektionierte Technik, es hätte nie eine abstrakte Malerei gegeben. An den Surrealismus könnte man denken: Ein Mann kommt mit einem Seil und klettert an einer senkrechten Wand auf den niederen Berg, der von der anderen Seite über Wanderwege erstiegen wird.

Surrealismus ist neoromantisch, in höchstem Grade sogar. Abenteuerlich. Phantasieüberladen. Und zugleich penetrant realistisch in seinen kleinen Einzelheiten.

„Ein Esel, wer sich die Freuden des Heute verdirbt, weil er denen des Gestern nachträumt. Die Alpen sind kein Ödland mehr, man kann sie auch nicht künstlich wieder dazu machen. Sie wurden ein großer Sportplatz. Das Spiel der Skiläufer

und Kletterer ist kein Kampf mehr; wenigstens seinem inneren Wesen nach, gegen den Berg, gegen die Natur . . .
Das war einmal. Heute sind die Alpen die Bühne, auf der Mensch gegen Mensch spielt. Der Kampf mit dem Berge wird in anderen Gebirgen gefochten.“ Henry Hoek, 1935

„Bergclowns, die in Worten oder Taten die Technik des Kletterns auf die Lebensfrage zuspitzen, haben dort nichts zu suchen. Die Idylle wird sie und sie werden die Idylle stören.“
(Aus einer Beilage zum 7. Jahresbericht der Alpenvereinssektion Hochland in München im Jahre 1909).

IV.
Alpine Literatur

Von der alpinen Literatur

Die Bergsteiger denken wenig über ihr Bergsteigen nach. Sie schreiben aber, erzählen Bergfahrten, legen Gefühle nieder. Sie glauben, die anderen könnten nachempfinden. Sie haben auch die eitle Hoffnung, andere würden die Menge und Tiefe dieser Gefühle bewundern.

Das meiste ist Kitsch. Wenige Schreiber sind des Wortes mächtig. Kitsch ist das Geschriebene dann meist deswegen, weil das ausgedrückte Gefühl die Form des Ausdrucks erdrückte. Oft wird alten Vorbildern nachgedichtet. Unter diesen Vorbildern ist immer noch eines der jüngsten Leo Maduschka.

Bergsteiger schreiben viel.

Das Geschriebene ist für manchen erbaulich, wie grundsätzlich Kitsch angenehm sein kann. Denken wir an den Kitsch aus dem weiten Bereich der Volkskunst.

Maduschka hätte vielleicht ein alpiner Schreiber ohne Kitsch werden können. Aber den hat eine ganz und gar ungeistige Tat – eine unsinnige Bergfahrt, die für ihn gewiß einen Sinn, nämlich den ungeheuerlichen Sinn des Todes gehabt hat – dieser Möglichkeit beraubt.

Die alpine Literatur ist ein Kretin. Sie hat eine ihrer Wurzeln in Vereinsliteratur.

Nebel in den Tälern
Fernsichten unendliche
und ähnliche merkwürdige
Verbalien wie Traum
und unsäglich
und Überderweltsein
und Höherhierobenatmen
und Schrittehimmelwärts.
Die ungezählten Gipfel
zum Panorama gereiht
Die Popartisten
wenn entdeckt hätten,
was es da noch anzureihen,
zu vergrößern,
maßlos zu vergrößern
gegeben hätte.

Ich sehe einen einzelnen
blanken weißen Berg.

Kitsch

Und wem das Herze voll ist . . .

Doch wer wagt schon, auf jenen den ersten Stein zu werfen, der Empfindungen notiert. Ungemach werden die Wörter erst, wenn sie publiziert sind.

Zugegeben, das Bergsteigen hat eine Kontemplativkomponente. Und die Schilderung von kontemplativem Erleben ist immer kitschgefährdet. Zwei vielgenannte, zeitgenössische alpine Autoren liefern die konträren Beispiele. Der eine schreibt ziemlich am Anfang eines seiner Bücher:
„Ich lernte dabei in einer heilsam-heillosen Odyssee ohnegleichen die Wonnen des gefährlichen Lebens kennen. Sie haben für mich seitdem nichts von ihrer Verlockung verloren."
Der andere schreibt:
„Der Bergsteiger weicht der Gefahr nicht aus. Wohl taugt es dem Kletterer, daß die Gipfel schwierig zu ersteigen sind, aber er findet keinen Geschmack an gefährlicher Waghalsigkeit, dieser dummen und billigen Ausdrucksweise des Mutes."
„Mit romantischem Herzen" und „mit glücklichen Augen" ist die Gefahr groß, daß der Inhalt quillt und ein formales Defizit entsteht.
„Heute begreifen wir, daß uns eine vorsehende Macht an den Brunnen der tiefsten Segnungen ge-

führt hatte. Tröstliches war uns von allen Seiten zugeflossen. Der Seelenboden hatte sich an der klaren Umschau genährt, und das Herz ward mit einem starken Schild gewappnet."
„Nach diesen Ereignissen ragte die Stille des Ortes abermals so mit allen Sinnen faßbar an uns heran, daß sich das Glück des Geborgenseins und des in der Abfahrt belohnten Mutes wie auf Flügeln erhob und mich umrauschte wie in goldenen Kindheitstagen. Darüber stand über der höchsten Kimme des Eises das Zuckerhütl als blauschattendes Schild, in flammende Lichtborten gefaßt, ein Buckel nur noch von Daumengröße neben seinen hochstrebenden, mir näheren Gefährten. Ich sagte ihm in zärtlichen Worten Lebewohl."
Der Rezensent schwingt heiter den alten Hut mit einem aufgesteckten Almröserl, ruft Lebewohl und tut einen Juchzer – „Hejoh!" Es gibt den Kitsch in der alpinen Literatur.
Das Publikum liebt den Kitsch. Der Autor dieses Paradekitschs erhielt den bayerischen Verdienstorden.

Widersprüche

Auf dem Gipfel des Berges, der weithin leuchtet, fand meine Seele den Hochaltar, auf dem sie ihr heiliges Feuer entzündet.

(O.E. Meyer)

Zurückdrängung aller großen Worte ist Pflicht.

(Maduschka)

...die Inbrunst der Jugend schwang aus seiner Stimme. „Wir wissen tief, daß alle Wanderungen ziellos sind; denn wenn auch jede ein Ziel in sich schließt, so wird es, wie wir es erlangt haben, nur zum Altar, auf dem sich schon wieder eine neue Sehnsucht entzündet."

(Maduschka)

Sachlichkeit ist das hervorstechendste Merkmal junger Menschen von heute.

(Maduschka)

Lautlose Götzendämmerung

Die von Tat und Traum schrieben, vom Altar, an dem sich das Feuer unserer Bergfreuden entzündet, die also einmal die deutschsprachige alpine Literatur krönten und dem Alpinismus selbst einen vergoldeten Kranz flochten – sie sind von den heutigen Alpinisten einfach vergessen worden.
Oskar Erich Meyer – Eugen Guido Lammer und die anderen Tatträumer, einst Idole oder Idolzeichner der empfindsamen Bergsteiger, sind ohne großen Donnerhall von ihrem Thron gefallen. Es war keine theatralische Götzendämmerung. Sie wurden vergessen. Sie gingen sang- und klanglos unter. Diese Art Beweihräucherung ist nicht mehr gefragt. Man wird nach anderer Fasson selig im Gebirg. Man schlürft nicht mehr mit glücklichen Augen vom Segen der Berge. Zumindest schreibt man das nicht mehr.
Es ist Sachbuchzeit. Wer die Textur der Massenmedien beherrscht, wer die Piorität des facts anerkennt, der kommt heute an. Er spricht die Sprache des Volkes.
Die Bücherläden haben lange Regale voll solcher alpiner Bücher. Die Monographien einzelner Berggruppen, auch einzelner Berge oder Wände haben ihren Wert als Beitrag zur Chronik des Alpinismus, als Ratgeber, als Verlockung und als Erinnerungshilfe.

Lehrreiches vom Gebirg ist nützlich, denn immerhin ist das Gebirg das Gerüst, daran die Bergsteiger ihr Bergsteigen entfalten.
Wer die markante Sprache schreiben kann, die dem *sesto grado* entspricht, der wird gelesen. Heute. Ob morgen noch, das bleibt offen. Gaston Rébuffat wird man auch einmal zur Seite legen. Die Zeiten wandeln sich schnell. Werden später die jungen Bergsteiger den erschütternden Bericht des Pierre Mazeaud vom Frêneypfeiler noch lesen können, oder werden sie ihn wegschieben, wie die Theaterfreunde die Wagnerinszenierungen von Frau Cosima?

Bergpredigt zur Bergpredigt

Einseitig sind viele Bergsteigerworte für den Menschen unserer Tage. Falsch im Sinn und falsch im Klang. Die inzwischen veraltete Bergpredigt von Eugen Guido Lammer war immer das Beispiel für eine unzeitgemäße Betrachtung aus verzerrtem Blickwinkel. Noch in den siebziger Jahren zitierten Zeitschriften für Bergsteiger das pathetische Gerede vom „Altare“ und vom „Silberquell des Reinen“, wo es sich schlicht bloß um Gebirge handelte. Grad als ob Bergsteiger nicht längst auch das sachliche Denken ihrer Zeit erlernt hätten. Als ob sie unzeitgemäße Menschen wären.

Bergpredigt
(von Eugen Guido Lammer)

Wir sind heraufgestiegen aus den dumpfen Tälern, um die freie Luft der Sonnenhöhe zu atmen.

Dort unten waltet der Geist der Enge,

in den Gassen wird der Blick der Menschen kurzsichtig, da wächst der fressende Neid und der Haß,

es herrscht ärmliche Parteiung und Schmutz.

Und blickt hinunter auf die spielzeugkleinen Kirchen, in der Enge suchen die Menschen der Tiefe ihren Gott!

Unser Tempel aber ist hier oben:

Auf granitenen Riesenpfeilern türmte er sich auf, von Ewigkeit zu Ewigkeit.

Frei wölbt sich darüber als Dach der unendliche Äther, und strahlt vom Altare die uralte Himmelsleuchte und die Gestirne.

In unermeßliche Weiten darf unser Auge hinschweifen, unsere Herzen, bebend bei der Schau solch unirdischer Schönheit, werden groß und weit.

Mächtig braust der Odem Gottes auf uns herein und dringt weihend in alle Kammern der Seele.

All diese Gipfel da, sie sind uns ein Sinnbild des Hinan, des ewigen Strebens und Sehens: Jeder Berg ist gleichsam ein Unerfülltes, er weist über sich hinaus auf noch Höheres.

Wer aber je tief schlürfen durfte den freien Geist der Höhen, der kann nimmer versinken in all der Gemeinheit dort unten; mitten im grellen, seelenlosen Lärm des Marktes klingt in unserem Ohre von unseren Bergen hernieder der brausende Klang des Großen, sprudelt in unsere Herzen der Silberquell des Reinen.

Bergpredigt
(Korrigierte Fassung)

Wir sind heraufgestiegen aus den grünen
und grauen Tälern. Hier atmen wir freie
Luft in der sonnigen Höhe.

Unten waltet der Geist.

In den Stuben denkt und dichtet der Mensch
und sinnt auch Unheil. Liebe blüht und
Neid und Haß glühen. Gemeinschaften schaffen
gemeinsam.

Es herrscht auch Parteiung.

Wir blicken hinunter auf spielzeugkleine Kirchen, in denen die Menschen je und je zur Größe und Tiefe ihres Gottes fanden.

Hier oben baute niemand Tempel für den ewigen Gott.

Hier türmen sich granitene Riesenpfeiler.

Nicht aus der Ewigkeit und nicht für die Ewigkeit. Aus weltlicher Zeit sind sie, in weltlicher Zeit zerfallen sie.

Groß wölbt sich der Himmel darüber.

Unsere Augen schweifen in die unermeßliche Weite des Firmaments und unsere Herzen werden bei der Schau solcher Schönheit unserer Erde weit und froh.

All die Gipfel sind Sinnbild des Irdischen: Ein Auf und Ab, das in den Fernen verdämmert – himmelsnahe. Jeder einzelne Berg aber nur eine einzelne Erhöhung im großen Gewoge.

Nirgends tritt uns das Irdische ursprünglicher und stärker entgegen, als in diesem unbetretenen Ödland, als in dieser schönen Vielfalt, Größe und Weite des Gebirgs. Hier wissen wir uns irdisch, aber auch deutlicher am Rande und himmelsnah.

Titeleien

Das größte sind die Titel. Vielversprechend, süffig, verlockend.

Ich nenne einige exemplarische Erlebnisbücher von Bergsteigern. Die Folge ihrer Titel gibt eine signifikante Textur zum Zeitlauf des Alpinismus.

Führerlose Gipfelfahrten
Bergvagabunden
Tat und Traum
Am Hüttenfeuer
Junger Mensch im Gebirg
Mit glücklichen Augen
Wilde Gesellen, vom Sturmwind umweht
Aufbruch ins Abenteuer
Berge, meine Leidenschaft
Große Tage am Berg
Schritte himmelwärts
Vor den Toren des Himmels
Arena der Einsamkeit
Zeit zum Atmen
Die Liebe der Berge
Gläserner Horizont

(Hübel, Ertl, Meyer, Hoek, Maduschka, Pause, Lukan, Messner, Desmaison, Bonatti, Mazeaud, Terray, Messner, Karl, Bonington, Messner)

Meine alpine Hausbücherei
und warum diese wenigen Bücher zu empfehlen sind

Alle Bücher von Henry Hoek,
– weil sie sauber gedacht, ordentlich geschrieben und angenehm unpathetisch sind. Ihre Form und ihr Inhalt können heute noch bestehen.

Petrarca-Brief – weil das Bergerleben an der geistlichen Besinnung relativiert wird.

„Vallesiae et Alpium descriptio" von Josias Simler – weil es der erste Versuch, gesamtalpin zu betrachten, ist.

„Tat und Traum" von Oskar Erich Meyer, oder
„Schritte himmelwärts" von Pierre Mazeaud
– weil diese beiden Bücher deutlich zeigen, wie sehr pathetische Ausrucksweisen abstoßen können und wie schnell sich gefühlvolle Einstellungen zum Bergsteigen wandeln, aber auch, weil viel Wesentliches vom Bergsteigen aufgeworfen und angesprochen ist.

„Junger Mensch im Gebirg" von Leo Maduschka
– weil dieses Buch das beste Zeugnis für die Gedanken und Wertvorstellungen zum Bergsteigen für die Zeit von 1920 bis 1950 ist.

Die eine oder andere Monographie eines Gebietes möchte ich nicht missen. Das Kaiserbuch von Fritz

Schmitt, *„Zermatt"* von Steinauer, *„Montblanc"* von Rébuffat.

Man braucht lediglich die jeweils modernsten Bergführer und Wegweiser.
Andere alpine Bücher benötigt der Bergsteiger eigentlich nicht. Auch auf dieses kleine Buch vom „Unsinn des Bergsteigens" kann er gut und gern verzichten.

Vor allem aber die Erlebnisbücher von Bergsteigern sind für den erwachsenen Bergsteiger unerfreulich und oft wertlos. Selbst so einprägsame Bücher wie *„Haramosh"* oder *„Zeit zum Atmen"* nützen ihm wenig.

Die besten Sätze, die schönsten Zeilen, die genauesten Worte über Gebirge fand ich bei Literaten, die nicht Bergsteiger im engeren Sinn waren, bei Friedrich Hölderlin, Georg Büchner, Adalbert Stifter, Georg Trakl, Annette Kolb.

Die alpinen Zeitschriften

als bester und unverfälschter Abklatsch der Entwicklung des Alpinismus

Die Herausgeber der alpinen Zeitschriften haben eh und je begründet, warum sie den Markt mit ihrem Organ beglückten. Sie haben dies stets so treffsicher wie nur irgend möglich auf den Zeitgeist ihrer potentiellen Leserschaft ausgerichtet, denn sie wollten ihr Blatt in möglichst hoher Auflage verkaufen. Oder sie mußten, wenn es sich um Vereinspublikationen handelte, dem Geist des Vereins und den Vorstellungen seiner Mitglieder im höchsten Maß entsprechen. Dadurch sind die alpinen Zeitschriften schon allein mit ihrem Programmstellungen ein lebendiges und recht genaues Meinungsbild der jeweiligen alpinistischen Anschauungen.

Ein Geschichtsschreiber des Alpinismus hat als zuverlässige Quelle die Veröffentlichungen (Jahresberichte etc.) von Vereinen und die Zeitschriften. Urkunden, wie sie der allgemeinen Geschichtswissenschaft als wichtigste und zuverlässigste Quelle zur Verfügung stehen, besitzt eine mögliche Alpinhistorie nicht annähernd im selben Maße. Gipfelbücher, Wandbücher, Tourenberichte, Fotografien und Dokumentarfilme, Gedenktafeln und Grabsteine wären solche Urkunden. Aber sie werden nicht archiviert.

Die Zeitschriften sind in Erscheinungsform, Ausdrucksweise, Bildthematik, Bildgestaltung, in Textinhalt und Textform lebendigste Geschichtsschreibung des Alpinismus.

V.
Das Bild vom Berg

Arten, Gebirge zu sehen

Weiße Wolkengebirge türmen sich himmelwärts
in blaue Unendlichkeit.
Graue, gelbe, rote und violette Berge
sind darunter hingebreitet.
So sieht der eine.
Ein anderer malt Grisaillen:
Berge grau, Wolken grau, Täler grau,
Firne weiß.

Giovanni Giacometti schrieb das Bergland
in großen schimmernden Farbfeldern und
ließ die Welt leuchten.
Wieder ein anderer malt die Berge blau.
Es gibt sehr viele verschiedene Arten,
Gebirge zu sehen.

Die alpine Malerei

Kunstausstellungen, in denen nur Gebirgsbilder, nur alpine Malerei gezeigt wird, erinnern an keimfrei gehaltene Krankenzimmer, in denen die Erreger einer einzigen Krankheit von denen aller anderen gesondert sind.
In großen Kunstausstellungen trifft man zuweilen

auch Bilder vom Gebirge, von einem Berg oder von bergiger Landschaft. Die alpine Malerei kann nur eingebettet innerhalb der allgemeinen Kunst leben. Anders kann sie nicht existieren. Lediglich für eine Betrachtung könnte sie ausnahmsweise einmal herausgehoben werden. Ein Maler, der nur alpine Bilder malt, kann vielleicht trefflich artikulieren, aber wie sollte er etwas Wesentliches aussagen können. Fehlt ihm doch der Bezug zum Allgemeinen.
In den fünfziger Jahren war einmal eine ZEN-49-Ausstellung: Abstrakte Kunst der Gegenwart. Unter allerlei Gegenstandslosem und Abstrahiertem war auch eine Plastik „Gebirge". Sie war aus Holz gemacht und etwa einen Meter hoch. Es wäre müßig, sie beschreiben zu wollen. Auch eine Abbildung würde nur unfruchtbare Diskussionen und Mißverständnisse auslösen. Von der äußeren Form der Berge, von dem Gezacke und dem Gegipfele wurde ganz abstrahiert. Übrig blieb eine ausgewogene Form von steilem Auf und Nieder. Nennen wir das Wesen des Gebirges, so wie es uns ankommt, das Gebirgische, so hat diese Plastik das Gebirgische ausgedrückt. Das war nicht nur Stilisierung. Es war ein Komprimat.
Alpine Kunst für sich gibt es nicht. Es gibt nur manche Kunstwerke, die Alpines aussagen.

Meine imaginäre Galerie von Bergbildern

Das ist eine knappe Auswahl von vielem, das zu sehen gut wäre. Das ist ein sehr persönlicher Extrakt aus der abendländischen Malerei vom Berg, zu deren Besichtigung ich allgemein einlade.

Patinier (1445 / 80–1524)
Hieronymus in der Wüste (Louvre, Paris)
In diesem Bild sind die Felsen kühn aufgebaut. Patinier zeigt den Fels als Material des Vertikalen und des Wüsten.

Hercules Seghers (1591–1651)
Felsige Landschaft mit Plateau (Radierung, Rijksprintenkabinett, Amsterdam)
Die Berglandschaft ist als unwirklich wirkende Wirklichkeit verstanden. Sie zeigt, wie Hügel, Berg und Fels, die Form und ihre Struktur, die Erscheinung der Welt ausmachen.

Claude Lorrain (1600–1682)
Mariage d'Isac avec Rebeca (National Gallery London)
Hier liegt klassische Landschaft mit Weite, einem Flußtal und fernen Bergen in der Schöne des Lichts.

Giorgione (1478–1510) und *Tizian* (1477–1576)
Venus (Dresden)
Die Schönheit des ruhenden Weibes und die blauende Ferne der Berglandschaft erscheinen als die irdischen Pole des Daseins.

Josef Anton Koch (1768–1839)
Schmadribachfall (Neue Pinakothek München)
Eine heroisch-pathetische Gebirgslandschaft. Sie wächst aus dem Erbe des Klassizismus. Sie zeigt das Gebirge erhaben, sie läßt die Nähe der Romantik spüren und öffnet durch ihre geognostische Sicht die Tür zur realistischen Schau des Gebirgs.

J. M. W. Turner (1775–1851)
Rigi (British Museum, London)
Licht und Luft verzaubern das Gebirge. Das Bild lehrt, daß nicht das Gebirge selbst, sondern seine je und je verschiedene Erscheinung es ist, die uns fasziniert.

Caspar David Friedrich (1774–1840)
Riesengebirgslandschaft (Nationalgalerie Berlin)
Berglandschaft wurde hier zum Sinnbild für Weltempfinden. Ahnung und Wirklichkeit gehen ineinander. Die Gebirgserinnerungen schwingen durch das Betrachten dieses Bildes. Der Bezug zwischen Diesseits und Jenseits scheint auf.

Giovanni Segantini (1858–1899)
Werden, Sein und Vergehen (St. Moritz)
Hier wird Landschaft in dem reinen Licht des Oberengadin sichtbar wie nie wieder in der Malerei, und hier sind die Stadien des Lebens im Gebirg symbolisiert.

Paul Cezanne (1839–1933)
Mont Saint Victoire (Philadelphia)
Hier kann gesehen werden, wie ein Bild Abstraktion ist und daß jedes Schauen schon ein Abstraktionsvorgang von der bloßen Wirklichkeit weg zu einem persönlichen Bild ist. Mit genauesten und kühnen solchen Abstraktionen versuchte Cezanne das Wesen eines Berges zu treffen.

Ferdinand Hodler (1853–1918)
Niesen (Kunstmuseum Basel)
Er zeigt den Berg solitär, wie der Bergsteiger ihn sehen könnte.

Ernst Ludwig Kirchner (1880–1938)
Der Baum (Holzschnitt; Bremen, etc.)
Baum, Himmel, Berg, Weg und Mensch sind völlig ineinand zu Natur verwirkt.

Erich Heckel (1883–1970)
Der Ausdruck ist ohne Rücksicht auf Deformation der Wirklichkeit gesteigert und die Farben machen die Formen der Berge deutlich.

Giovanni Giacometti (1868–1933)
Piz Duan (Bündner Kunstmuseum, Chur)
Hier machen expressionistische Farben das Licht der Berge deutlich.

Gabriele Münter (1877–1962)
Der Blaue Berg (Lenbachhaus, München)
Dieses Bild schreibt alle Schwermut und die intensive Farbglut der bayerischen Voralpenlandschaft in einfachen Zeichen nieder.

VI.
Alpinismus-Vereine

Alpenvereine

Wir sind Possenreißer, daß wir uns in der Gesellschaft von uns gleichen erholen, die elend wie wir, ohnmächtig wie wir sind: Sie werden uns nicht helfen. (Pascal)

Wenn in der heutigen Verirrung zwischen Individualismus und Kollektivismus die Gemeinschaft als Lösung erscheint, dann sei bedacht, daß ein Verein noch lange nicht eine Gemeinschaft zu sein braucht.
Der Unterschied läßt sich leicht zeigen: Zehn Bauern, ein Schmied, ein Sattler, ein Bäcker, ein Müller konnten einst eine Dorfgemeinschaft bilden. Aber der Zusammenschluß von 15 Bäckern ist ein Verein. Je verschiedener die einzelnen sind, um so mehr ist eine konstruktive Gemeinschaft möglich. Alpenvereine sind sozusagen Zusammenschlüsse von sehr, sehr vielen Bäckern.

Alpenvereine sind höchst wertvolle Einrichtungen: Sie haben Wege und Hütten gebaut und damit das Gebirge der großen Masse erschlossen. Auf diese Weise waren sie die Vorkämpfer einer Entwicklung, die heute in den vielen Seilbahnen und im Massenbergsteigen einen krönenden Abschluß erhält. Vielleicht hat der Alpinistik-Seher O.E. Meyer die Leistung der Alpenvereine mißverstanden, als er bergsteigerisches Tun schmähte: „Mit Eurer Liebe habt Ihr die Berge erniedrigt."

„1869 gründeten begeisterte Bergsteiger und weitsichtige Männer den Alpenverein. Sie leiteten damit eine Entwicklung ein, die heute noch nicht abgeschlossen ist: Die Erschließung der Alpen - die Eroberung des Unnützen. Mit unerhörtem Schwung wurden in den ersten Jahrzehnten Wege gebaut, Hütten errichtet und vor allem fast sämtliche Alpengipfel erstiegen. Der Alpenverein war der Entdecker und Pfleger der Bergwelt geworden. Nach der ersten Erschließung erreichten die Leistungen der Kletterer schwindelnde Höhen. Die Wände, Kanten und Grate der Alpen wurden erobert, die Berge der Welt belagert und in den letzten zwanzig Jahren bezwungen."
Text auf einem Ausstellungswürfel zur Hundertjahrfeier des Deutschen Alpenvereins.

Heute, im Zeitalter des Massentourismus, sind wichtige Aufgaben des Alpenvereins, das Bergsteigen in zeitgemäße Bahnen zu lenken, die Erschließung der Bergwelt in Grenzen zu halten, Fäkalien zu beseitigen, Versammlungen abzuhalten und gegen die eigene Geschichte zu handeln.

Der Deutsche Alpenverein ist die größte Gebirgsinteressenten-Organisation der Welt.
„Sie hat über 400 000 Mitglieder. Bergwanderer

und Touristen stellen den weitaus größten Teil aller Alpenvereinsmitglieder. Für sie haben die Bergsteigervereine die größten Anstrengungen unternommen und machen sie heute noch. Ein fast lückenloses Wegenetz überzieht die gesamten Alpen und muß in benützbarem Zustande erhalten werden. Eine riesige Zahl von Hütten macht die Besteigung der meisten Berggipfel erst möglich – diese Hütten müssen mit enormen Mitteln repariert, vergrößert oder zeitgemäß umgebaut werden. Ausbildungskurse und Tourenführungen ermöglichen auch weniger routinierten Bergsteigern sorglose Bergtage, und im Winter kann man bei Film- und Lichtbildvorführungen neue Bergziele kennenlernen oder Erinnerungen an alte Bekannte wieder auffrischen."

Soweit ein Werbetext des DAV.

In den Satzungen des DAV ist der Zweck des Vereins fest umrissen:

„Zweck des Vereins ist, das Bergsteigen und Wandern in den Alpen, insbesondere für die Jugend, zu fördern, die Schönheit und Ursprünglichkeit der Bergwelt zu erhalten, die Kenntnis der Hochgebirge zu erweitern und zu verbreiten und dadurch die Liebe zur Heimat zu pflegen und zu stärken, ..."

„Mittel zur Erreichung des Vereinszweckes sind insbesondere:

a) Pflege der bergsteigerischen Ausbildung, Förderung wertvoller Bergfahrten, des alpinen

Skilaufs, des alpinen Jugendwanderns, des alpinen Rettungs- und des Bergführerwesens,

b) Pflege des Naturschutzes in den Alpen, Erwerb und Erhaltung von Naturschutzgebieten,
c) Erhaltung der Hütten und Wege in den Arbeitsgebieten der Sektionen,
d) Veranstaltung von gemeinschaftlichen Bergfahrten und Wanderungen,
e) Veranstaltung und Unterstützung von Auslandsbergfahrten,
f) Veranstaltung von Vorträgen,
g) Herausgabe und Förderung von schriftstellerischen, wissenschaftlichen und künstlerischen Arbeiten und von Karten sowie die Anlage von Sammlungen solcher Art, ...“

Die Insulaner

Der Bergsteiger liebt kräftige Symbole: die Hauptverwaltung der deutschen Alpinismus-Bewegung hat ihren Sitz auf einer Insel. Links und rechts ziehen die Wasser des Flusses vorbei, aus dem Gebirge kommend, ins Moränenland hin. Ehedem war es eine Praterinsel. Da vergnügte man sich. Heute steuert man das Vergnügen von dieser Insel aus. Eine Likörfabrik und die Hauptverwaltung des Deutschen Alpenvereins haben sich dort eingerichtet.

Der Deutsche Alpenverein hat als größter Gebirgsfreuden-Veranstaltungsorganisator zweifellos den ersten Rang aller alpinen Reisegesellschaften eingenommen.

Auf Schiffen

Immer wieder einmal hält der Deutsche Alpenverein seine Jahreshauptversammlungen an den Gestaden. Verständliche Sehnsucht zum Kontrast. Von der Schroffheit des Gebirgs und dessen Höhe zur Weite und Lebendigkeit des Meeres. Dabei amüsiert allerdings, daß solche Tagungen gelegentlich mit einer Schiffahrt verbunden werden, etwa vor Jahren von Cuxhaven nach Helgoland, oder von Lübeck aus auf das Wasser.
Schiffsausflüge der Kerngruppe des Deutschen Alpenvereins. Das Funktionärstum schwimmt feuchtfröhlich auf dem Wasser. Wichtig ist noch, daß ein nicht namenloser Mann aus der Funktionärscreme einmal feststellte, Hauptversammlungen mit Schiffsausflügen wären besonders stark besucht.
Mir dünkt das einer der menschlichsten Züge am offiziellen deutschen Alpinismus zu sein.

Contra Jubiläum

Zur Gründungserinnerung eines Vereins wird jubiliert. Der lange Bestand wird gefeiert. Jubiläen sind Angelegenheiten alter Leute. Mit dem Jubiläum eines Vereins ist es nicht anders. Skurril wirkt das Jubiläum eines Vereins, wenn die aktive Leistung die jungen Leute erbringen. Junge Leute von heute sind eigentlich nicht vereinsfreudig. Das Vereinswesen entstammt einer überholten Vorstellungswelt. Gut, wir sind gewohnt, in Anachronismen zu leben. Bergsteiger lieben die Anachronismen vom Wesen ihres Tuns her. Die bei Bergsteigern vorhandene Neigung zur Folklore, die in Rudimenten an unsere Zeit überkommen ist, gibt ein schönes Beispiel dafür. Das Aufsuchen besonders entlegener Gebirge und die Heimat-Ortungen zu Fuß gegangener Seelenschwelgerei im Ödland sind trächtige Symbole.

Also Jubiläum. Warum wird eigentlich jubiliert? Weil sich vor x Jahren ein paar freundliche Leute mit unternehmerischem Freizeitgeist zu einem in ihrer Zeit bemerkenswerten und auch elitären Tun zusammengefunden haben? Oder darüber, daß es heute Leute gibt, die als Epigonen noch nachzuvollziehen suchen, die in den ausgetretenen Spuren der Vorvorderen dahintrotten? Oder weil vielleicht ein geistiger Wandel in diesem Gebilde vollzogen wurde? Oder weil gerade dieser Wandel nur zu langsam geschieht. Ein Jubiläum also wegen Konformismus oder wegen Nonkonformismus.

Rückblick: Als der Eklektizismus nach einem schwülstigen Crescendo allmählich verlief, als das Formgefühl in der Zivilisation und Kultur wie selten zuvor verwirrt war und die neuen Leute mit neuem Denken im Art Nouveaux sich in die neue Zeit zu mausern versuchten, damals wurde Gebirge besonders markant erschlossen, wurde neues Tun kreiert, wurden Taten und Traumzeit vorbereitet. Klangvolle Namen fundamentieren Vereinsgeschichten, die attraktiv hätten werden können. Später, als 1910 Kandinsky sein erstes abstraktes Bild malte, der Jugendstil in verzauberter Blüte stand, die Großstadtmenschen mit dem Verkehr deutlicher unter die Erde flohen und ihre Höhleneingänge zu den Metros mit Unweltblumen von Hector Gujmard gußeisern verzierten, feierte der Alpinismus fröhliche Urständ und seine zweite Blüte. Noch später, als sich die neue Sachlichkeit tatsächlich einen Weg gebahnt hatte, neuer Funktionalismus erwuchs, Einstein bereits die spezielle Relativitätstheorie entwickelt hatte und Heidegger „Sein und Zeit“ veröffentlichte, war die dreieinhalbte Generation am Werk. Maduschka schrieb seine romantischen Errötungen über sachliches Bergsteigen.

Glanzlichter auf den inzwischen schon lorbeerbekränzten Vereinen. Anachronismen wurden allmählich penetrant. Mit dem Expeditionismus hatte man gerade ruhmreiche Mißerfolge erzielt.
Nach dem Krieg gab es eine Generation, die fröhlich bei der Sache war, die auch als Schar zweitklassiger Bergsteiger durch die Alpen und in die fernen Nachbarschaften zog. Von diesen, die heute schon im Fünfziger stehen, wird ein Expeditionsstil, den sie erfunden zu haben glaubten, noch sehr gerühmt: Die Expedition ohne großen Aufwand, ohne Trägerkolonnen, die kleine Abenteurergruppe in fernen Weltgebirgen. Im Grund hat es sich auch dabei nur um einen besonderen, individuellen Stil von Bergfahrten gehandelt. Die, die jetzt zusammen mit den Alten jubilieren, die heutige Generation aus einer Zeit, in der Jugendstil wieder erweckt, Gallè-Vasen nicht mehr Angelpunkt für mutige Bekenner zu neuen Richtungen oder zu subtilem floralen Formgefühl, sondern Gegenstände für Antiquitätensammler sind, in der man eklektizistische Bauten wie den Bahnhof am Montparnasse und hoffentlich auch bald den Justizpalast in München abzureißen beginnt und nicht mit Lorbeerkränzen behängt, in der man Frank-Lloyd-Wright-Hotels in Japan einebnet, um in neuem Stile aufzubauen, da jubilieren wir aus Anlaß der Gründung eines Vereins.

Pro Tradition

Tradition heißt: Übergabe, Besitzübertragung
Zum achtzigsten Bestehensjahr eines Bergsteigervereins fiel das Stichwort: „Die jungen Menschen von heute, die Bergsportler von 1973, pfeifen auf Tradition." Das Fortschrittsdenken, die Verhaltensweise ist so alt wie generell die Auseinandersetzung von jungen Menschen mit ihrem Vorher. Ein Aufruf, den jeder, auch der Traditionsverhaftete, begrüßen muß. Denn er könnte ein Ansatz für Innovation sein.
Die Wortwahl freilich ist unglücklich. Aufrufe haben es an sich, Wortinhalte nicht ganz auszuloten. Deshalb müssen sich solche Aufrufe und die Aufrufenden immer wieder gefallen lassen, zurechtgerückt zu werden. Damit aber wird zugleich die Sache selbst zurechtgerückt.
Der Historiker versteht aber auch unter Traditionen zum Beispiel die mündlichen und schriftlichen Weitergaben von Berichten in Form von Quellen. Man versteht darunter auch überlieferte Inhalte und Wahrheiten einer Entwicklung. Im weitesten Sinn ist Tradition die Summe der geschichtlichen Erinnerungen, die Denken und Handeln des Menschen unbewußt oder bewußt mitbestimmen. Die Definition des Begriffes erhellt zunehmend, warum junge aktive Bergsteiger Tradition vom Tisch wischen wollen. Sie lehnen es ab, ihr Denken

und Handeln von Vergangenem und von Erinnerungen bestimmen zu lassen. Die Motivation ist getragen von Zielvorstellungen, wie Strukturwandel, wie Überwindung etablierter Verhaltensweisen, wie Dynamik der Entwicklung, wie „mehr Fortschritt“.
Aber der richtige Inhalt des Wortes läßt den Nachdenkenden nicht aus. Tradition einer Bewegung, einer Gesellschaft, mehr noch einer Gruppe, also auch eines Vereins, reißt erst in dem Augenblick ab, in dem die mündliche oder schriftliche Weitergabe von Berichten aufhört, in dem die Summe überlieferter Wahrheiten und Inhalte der Handlungs- und Denkweisen dieser Gruppe nicht mehr fortgeführt wird. Das wäre dann, wenn etwa ein Verein aufgelöst würde. Solange dies nicht geschieht, wirkt Tradition. Mag sein, daß die alpinen Taten der Enzensperger, Pfann, Leuchs, Schulze, Cube, Schlagintweit, Leberle, Bauer, Welzenbach jungen Leuten nichts besagen. Das heißt aber nicht, daß deren Wirken über die dazwischenliegenden Bergsteigergenerationen nicht doch auch auf die Gegenwart fortwirkt.

Nicht nur die direkte Übergabe von Wissen und Erfahrung der Expeditionsdurchführung, auch Motivationen, Wunsch- und Zieldenken für heutige Bergabenteuer in fernen Landen sind in irgend einer Weise von früheren Bergsteigern überkommen. Sie sind zumindest in irgend welchen

Einzelfaktoren von diesen her bedingt. Ist da nicht ständig Tradition am Werke?

Aktivitas muß fortschreiten. Fortschreiten muß allerdings nicht immer Fortschritt im Sinn echter Daseins- und Tunsverbesserung sein. Die Umwandlung von Kletterfahrten des Schwierigkeitsgrads VI, A0 zu Felsfahrten IV, A2 beweist dies ohne Diskussion. Jedes Fortschreiten geschieht in fortgesetzter Auseinandersetzung mit Tradition. Die Zielsetzung in gegenwärtigen Erfordernissen und zukünftigen Erwartungen geben die Spannungselemente. Das ist die Grundsituation des Bergsteigers, der in die Alpinistikgeschichte als Mitbetroffener, Mithandelnder und Mitverantwortlicher gestellt ist. Dies Einbezogensein kann ihm mehr oder weniger bewußt sein. Es kann ihm mehr oder weniger angenehm sein. Unabhängig davon ist er einbezogen.

Das Wissen um vereinsgeschichtliche Vergangenheit und das Suchen nach Zukunftsmöglichkeiten, also die Bindung in die Vergangenheit und die gleichzeitige Freiheit der Entscheidung, diese Situation muß bewußt sein.
Es gehört zu unserem Wesen, daß wir in der geschichtlichen Entwicklung in dauernder Besitzübernahme und Besitzübergabe stehen. Alles was der Mensch tut, tut er als geschichtliches Wesen. Fruchtbar wird er nur in jenem Geschehen, das

aus den Kräften der Vergangenheit – Tradition – genährt den in die Zukunft weisenden Antrieben gerecht wird. Seine Geschichtlichkeit verweist jeden von uns stets an die Gemeinschaft. Nur im Zusammenwirken vieler Einzelner im Nebeneinander und der Generationen im Nacheinander entfaltet sich diese Entwicklung.
Heute, da viel von Gesellschaft gesprochen wird, muß man unsere Ausnahmesituation erinnern, die sich seit den fünfziger Jahren deutlich ergab: Wir standen zwischen verlorengegangenem Individualismus und den mißglückten Ansätzen zum Kollektivismus. Es war eine Zeit ungewöhnlicher Chance zur verstärkten Entwicklung zu Gemeinschaften und zur Gemeinschaft. Man darf einwerfen, daß Erwägungen über Gemeinschaft vielleicht nur noch eine nachträgliche, nichts mehr nutzende, echoende und also versäumte Theoriediskussion bedeuten. Dennoch sei für das Nachdenken über Sportgruppen, Erlebnisfreundschaften oder Bergsteigervereinen fixiert: Gesellschaft ist jedes soziale Gebilde, wenn sie nur irgendein gemeinsames Ziel zur Verwirklichung vereinigt. Gemeinschaft dagegen ist eine gewachsene, aus der Einheit der Gesinnung (welche die Vielfalt der Teile nicht ausschließt) sich wie von selbst ergebende, innere Verbundenheit. Fortgesetzte Gemeinschaft ist ohne eine gewisse Geschichtlichkeit, ohne ein gewisses Maß an Tradition nicht beständig, nicht möglich. Gesellschaft ist ein Verband mit bestimmten Zwecken. Gemein-

schaft ist mehr Gesinnungseinheit. So unterscheidet sich auch eine Institution wie der Deutsche Alpenverein, von den Bergsteigern selbst. Bei Gesellschaft denkt man vorwiegend an Organisation. Bei Gemeinschaft gibt es innere Bande. Bedingende Grundlage jeder Gemeinschaft ist eine Gemeinsamkeit. Die gemeinsame Teilnahme an irgend etwas, das es zu erhalten und zu mehren gibt. Wo es aber etwas zu erhalten gibt, ist etwas überkommen. Dort ist Tradition lebendig. Dort wird in Auseinandersetzung mit diesem Überlieferten, in Mehrung dessen oder in Veränderung oder auch in bewußter Ablehnung dessen, auf diesem aufgebaut. So ist Gemeinschaft ohne Tradition also nicht möglich. Und Vereine sind ohne gemeinschaftliche Inhalte nicht möglich. Der Alpenverein ist keine Gemeinschaft. Aber er dient dem gemeinschaftlichen Interesse der Bergsteiger – auch durch die Pflege von Traditionen.

Alpenismus

Es gibt viele Ismen:
den Existenzialismus, Nationalismus, Sozialismus, Feudalismus, Historismus, Traditionalismus, auch den Rheumatismus und den Narzißmus. Und eben den Alpenismus, auch Alpinismus geschrieben.

Ismen sind sehr verbreitet.

Im allgemeinen sind Ismen eine Plage. Manche Ismen vertreiben andere Ismen, z. B. der Marxismus vielleicht den Kapitalismus.

Anhänger eines Ismus sind Isten.
Die des Alpinismus also Alpinisten.
So gibt es Sestogradisten, Pistenisten, Direttissisten und andere.

Der organisierte Alpinismus ist vor etwa 120 Jahren entstanden. Zur Zeit, als man Pestilenz, Cholera und Feudalismus hinter sich hatte. Etwa zugleich mit dem Marxismus.
Ein Teil der Anhänger des Alpinismus wird ungenau auch Bergsteiger genannt.

Definition

Alpinismus ist eine Bewegung, die von sehr vielen Berginteressierten getragen wird.
Der größte Teil dieser Menschen beschäftigt sich in der Freizeit mit dem Ziel dieses seines Interesses.
Ein kleiner Teil widmet sich beruflich oder geschäftlich irgendwelchen Teilaufgaben dieser Bewegung.
Ziel des Alpinismus ist, daß Gebirge bereist und Berge bestiegen werden.
Der Alpinismus ist eine sehr große Bewegung. Er umfaßt viele hunderttausend Menschen und wird getrieben und getragen von Einzelinteressenten, Vereinen, Kommunen, Ländern, Wirtschaftsunternehmen, und dem öffentlichen Interesse.

Provinz

Alpinismus ist Provinz. Irgendwo im weiten Feld unserer gesellschaftlichen Vielfalt. Abseits der urbanen Zentren. Kulturelle Wandlungen wirken nicht unmittelbar hinein. Nur verspätet und über Sekundärbahnen. Abgeschiedenes Land. Sich selbst abschließend. Es entwickelt sich vorwiegend aus sich selbst weiter.
Provinz muß nicht immer nur negativ sein. Die Ruhe und Gleichförmigkeit der Entwicklung oder des unveränderten Fortbestehens sind für den, der in der Provinz wohnt, angenehm. Der Blick auf die genetischen Quellen, die aber nicht in der Provinz, sondern anderswo liegen, stimmt dann doch traurig; die Ernsthaftigkeit des Sich-Abschließens wirkt trist.
Provinz ist nicht immer auch Idylle. Manchmal ist Provinz Trostlosigkeit.
Provinz läßt allzu leicht an Inzucht denken.
Aber sie rühmen es. Sie rühmen nicht nur die Abgeschiedenheit der Gebirgswelt, sondern auch die Besonderung, sprich Absonderung, der Bergsteiger.

Trekking

Der Bastard zwischen Expeditionsbergsteigen und Gruppentourismus heißt Trekking und ist die Mode der siebziger Jahre.
Gewinnorientierte Unternehmen haben diese Mixtur aus Führungstour und Gesellschaftsreise ausgebildet.
Das ist programmiertes Versatzabenteuer für Frau und Herrn Jedermann. Die ergangene Landschaftsreise, vollorganisiert. Gut für viele, die alpinistischen Nachholbedarf abdecken müssen. Nachabenteuerchen für Ältere. Bemeisterbares Halbabenteuer für Jüngere. Auch der Besuch der Cheopspyramide war irgendwann einmal ein echtes Abenteuer. Heute ist auch sie ein nur noch massentouristisches Zielchen. Der Fünftausender im Himalaja ist im Trekking jetzt realisierbar. Buchbar.
Ticket zum Eisriesen. Einschließlich Kulturteilprogramm (zwei Tage Indien). Pauschal. Bequem. Für ängstliche Gemüter sehr sicher. Für Eilige sehr zeitgünstig. Fürs Tourenbuch ein attraktiver Akzent. Verlustfrei komprimierte Mischung aus Abenteuer, Bergsteigen, „Landschaftskennenlernen", Fotosafari, Folklore-Erleben. Zeltabende nach Pfadfinderart.
Die große Chance des kleinen Nagers, auch mal Löwe zu sein.

VIII.
Verunsicherung und Freizeitkonsum

Alltag und Wochenende

Den Arbeitsmantel, die Schaufel, den Schalthebel, den Bleistift, die Lochkarte nicht nur über Nacht weglegen bis zum nächsten Morgen, sondern für volle zwei Tage. Samstag und Sonntag sind frei. Das ist das Wochenende. Die anderen Tage sind der Alltag.

Alltag. Schon in diesem Wort liegt das Gefährliche der Problematik. Würden wir besser sagen „der Werktag", wäre vielleicht das Herabwürdigende, das in dem Wort „Alltag" liegt, schon vermieden. Ursprünglich war dieser Ausdruck ganz richtig. Der Alltag, das sind jene Tage, die, einer wie der andere, alle gleich sind, voll Arbeit und voll von normalem Ablauf. Das Wochenende aber ist die erweiterte Größe, die man früher schlicht und einfach den Sonntag nannte und die ein Raum des Verweilens war.

In alter Zeit war – und bei wenigen ist noch heute – der Sonntag, als der Tag des Herrn, ein schönerer Tag, ein höherer Tag. Das Sonntagsgewand war kennzeichnend dafür.

Aber der Sonntag hat's nicht mehr getan, wir haben das Wochenende.

Konjugation

Und übers Wochenende entgleist die sonst eingespannte Städterpsyche.
Wir wissen aber nicht, wo wir uns mehr ereignen, im Eingespanntsein oder in diesen Entgleisungen.
Wahrscheinlich im Wechsel, im Kontrasterlebnis.
Das ist wohl der wirkliche Wert, daß wir gewechselt werden. Wir werden es allerdings so beiläufig wie das Geld auf dem Tresen. Nun stelle ich die Frage weiter: Wer gibt uns aus und wofür, und wer nimmt uns ein und wofür?
Eines ist sicher, daß die „gebetslose Vereinsamung", die uns alle typisiert, ein Merkmal unserer Schuld an diesem Zustand ist. Wenn wir es aber erkennen und weiter dulden, dann wird aus dem Merkmal ein Schandmal und ein Wundmal.
Ich weiß den heutigen Wochentag nicht genau, aber vielleicht ist Donnerstag. Ich bin noch eingespannt. Morgen entgleise ich. Entgleisest Du. Entgleist er. Entgleisen wir. Entgleist Ihr. Entgleisen sie.

Monotonie der Woche und Wochenenderwachen?

Für viele scheint das Wochenende der einzige Zeitraum echter Lebendigkeit zu sein. Von Montag ab wird bis Freitag 15 Uhr nur wieder gewartet auf das nächste Wochenende.

Genau das kann nicht mit dem „Bergsteigen als Lebensform“ gemeint sein. Das Bergsteigen soll nicht so betrieben werden, daß die andere Zeit als lästige Wartezeit empfunden wird, die man mehr oder weniger mühsam durchsteht. Gemeint war vielmehr, daß man sein Leben so leben soll, wie man zu Berg steigt. Also soll der Weg selbst, das Tun selbst ein Ziel sein. Dadurch würde nämlich jede Phase des Tuns, und wenn es auch mitten im Werktag ist, mehr Eigenwert bekommen.

Das Wochenende darf nicht eine lyrisch-dramatische Episode im sonst nur gleichförmigen Ablauf der Zeit sein. Sonst wird dem Menschen das lange Wochenstück zum Verharren, zum Stehenbleiben, das nur erledigt wird, damit am Wochenende gegangen werden kann. Eine verhängnisvolle Umkehrung.

Das Wochenende mit dem Sonntag war ehedem der Augenblick des Verweilens. Des Verweilens bei sich selbst und bei dem Empfinden unserer Welt und beim Denken unserer Zeit. Indes aber wurde

das Wochenende eine aufgeputschte Konzentration ungesunder Mobilität. Nicht mehr Verweilen.
Das Wandern und Bergsteigen am Wochenende wurde umstilisiert zum Ausbruch aus einer „knetgummigrauen Zeit“ und aus der „großen Masse“, aus der „ökonomischen Welt“, aus „einer Gesellschaft, die von der Profitrate beherrscht wird“, aus „gesellschaftlichem Unbehagen“. Ein Ausbruch aus der Einsamkeit der Ameisengesellschaft in die erfüllte lyrische Einsamkeit der Natur. Solches Verständnis des Bergsteigens als Flucht ist eine Verzerrung.

Erlebnispaket

Ich entsinne mich deutlich: Es war zu einer Zeit, in der ich jeden freien Tag im Gebirge verbrachte. Jeder Sonntag und Feiertag war einem Berg oder einer Route gewidmet.
Jeder solche Tag sollte ein Erlebnistag sein.
Und meist war er es auch. Eine der wenigen Ausnahmen blieb mir besonders stark in Erinnerung: Wir waren im Wetterstein und wollten zu den Schönangerwänden. Am Samstagabend kamen wir auf die Hütte. Am Sonntag aber war es neblig und bald regnete es. Die Seile blieben im Rucksack. Wir hockten um den Hüttentisch. Otto Eidenschink

erzählte Skurriles. Allmählich hörte der Regen auf. Die Erzählerei schlief ein. Wir gingen hinaus ins Kar. Die Wolkenschwaden hingen schwer herein. Kein Berg zu sehen, kein Weg zu finden. Das dauerte den ganzen Sonntag. Wir verblödelten die Zeit an einem großen Felsbrocken im Kar. Heute würde man sagen, wir boulderten. Dann fuhren wir heim in die Stadt.
Ich konnte es kaum überwinden, daß da ein Sonntag ohne „großes" Erlebnis ablief. Den Nebel vermochte ich damals noch nicht zu erleben. Die leere, geschehnislose Zeit auch nicht. Das Wochenende schien vergeudet. Ich hatte Henry Hoek noch nicht gelesen. Die Ziele waren noch übermächtig. Der Sonntag hätte ein dramatischer Erlebnistag sein sollen. Er sollte immer etwas Besonderes sein, ein Festtag, vielleicht eine Art Geschenkpaket in grauer Zeit. Das Verständnis, daß der Sonntag gerade im einfachen Ablauf, im Undramatischen, seine Dichte erhalten kann, lernte ich erst viel später.

Eingeordnet

In der Gesellschaftsordnung ist die Arbeit seit Jahrtausenden verteilt. Heute ist der eine Maschinist, der andere Maurer, der dritte Sachbearbeiter mit Telefon und Sichtgerät, der vierte hat am Reißbrett zu sitzen, der fünfte ist Lehrer, der sechste Programmierer, der siebte dies, der achte das. Und jeder ist eben genau und nur gerade das, was er sich zugeteilt hat. Da unsere Produktionsgesellschaft arbeitsteilig ist, bringt diese Einordnung Einschränkung der vielfältigen Möglichkeiten, die im einzelnen Menschen schlummern. Sie könnte den Menschen beschränken, könnte Fähigkeiten in ihm verkümmern lassen, wenn nicht die Freizeit wäre.

Die Freizeit wird in verschiedenen Maßen verbraucht: In den freien Abenden, in den Wochenenden. In Urlaub und Ferien. Die freien Abende dienen der physischen Erholung von der Arbeit und geben die Möglichkeit, sich dem engsten Kreis seiner Umgebung widmen zu können. Das ist meist die Familie, sind die persönlichen Partner und Freunde. Die Ferien sind die große Pause für Erholung und Erlebnis. Das Wochenende ist für viele nicht nur eine Zeispanne zur physischen Erholung, sondern die Möglichkeit, „das Andere" zu tun. Alle die Fähigkeiten, die sich wochentags nicht entfalten können, zum Spiele kommen zu lassen. Das ist der Unterschied: Zum Spiele kommen lassen. Nicht mit dem Ernst, mit dem die Wochentagsarbeit getan wird.

Ein geselliges Wesen

Werktags ist er in eine Gesellschaft eingefügt, die ihm schon durch die Aufgabe, die ihm zugeteilt ist, nicht immer lieb ist und in der er letzten Endes mit seiner Seele anonym bleibt. Er ist, wie jeder seiner Nachbarn in dieser Gesellschaft: einsam. Wochenends nun bricht er aus und sucht die eigene, wirkliche alleinsame Einsamkeit der Gebirgswelt. Er bricht mit dem unerträglichen Übermaß an Geselligkeit, das ihm der Werktag mit der Arbeitswelt und mit gesellschaftlichen Abenden aufzwingt. Er geht hinaus und meidet die Geselligkeit. In den Abenden auf der Hütte findet er sie auf eine andere Art und Weise.

Dieses Bergsteigen gibt ihm äußerlich und auch seelisch die Möglichkeit, einen Zugang zu Freunden, zu neuen und anderen Menschen, zu einer für ihn vielfältigeren Gruppe von Menschen zu finden, mit der er auf vertrauterem Fuß steht. Dabei meint er oft nur, daß er größere Freiheit bei der Wahl der Freunde hat.
Dieses Bergsteigen trägt im Grunde nichts zur Lösung der Geselligkeitsprobleme, die uns die Großstadt aufzwingt, bei. Sie ist nur ein Ausweichen, ein Davonlaufen, ein Fliehen in andere, noch engere Kreise, aus der Einsamkeit der vielfältigen Masse in den oft einfältigen Kreis der Bergfreunde.

Die seelische Verarmung, die der Werktag durch seine engbegrenzte Arbeitseinteilung dem Menschen auferlegt, könnte wochenends durch das Spiel, durch das Bergsteigen etwas geheilt werden. Das gäbe den Boden für ein Weiterwachsen. Dabei ist der große Vorteil des Bergsteigers, daß im Gebirge (z. B. auch durch die gleichartige Kleidung, die durch die gleiche Art der Betätigung bedingt ist) Besitz, Rang und Stellung des einzelnen zurückgedrängt und unwichtig werden.

Konsum von Freizeit

Wir leben in einem Konsumzeitalter. Auch in
Sachen Freizeit. In der Angebotswirtschaft
ist das wahlfreier Konsum, Schwelgen in
ungebremster Fülle, Konsumrausch bis hin zum
Überdruß. In der Nachfragewirtschaft und in
nichtbedarfsdeckender Planwirtschaft ist es
verordneter und gesteuerter Konsum.
Allemal Konsum. Auch Konsum von Freizeit.
Im Westen herrscht dabei gelegentlich Ausverkaufsstimmung. Freizeitvergnügen vom Wühltisch.

Gefahren der falschen Sicht

Was dem einen wochenends der Wettkampf-Sport, dem anderen das Theater, das wirkliche Fest oder die Hausmusik ist, das ist den Bergsteigern der Gang ins Gebirge. Der Gang ins Gebirge als Ersatz für den Kirchgang.

Wo stehen wir heute? Der industrielle Fortschritt hat viel arbeitsfreie Zeit erbracht. Er hat andererseits eine Vielfältigkeit auf dem Gebiet des Spiels und der Freizeitgestaltung geschenkt. Die Bergsteiger haben aber ihre einfache, einfältige Methode der Freizeitgestaltung fast unverändert beibehalten wie vor einem halben Jahrhundert. Man steigt im Gebirge, sucht die unberührte Landschaft, verspielt sich in eine lyrisch-dramatische Episode und kehrt dann zurück.

Was Wunder, daß daraus Enttäuschung entspringt. Jene Enttäuschung, die man immer und immer wieder einmal, gerade auch nach großen Bergfahrten, spürt. Die große Gefahr des Bergsteigens ist, daß es die Verinnerlichung des Menschen in der Zeit, die ihm zur Verinnerlichung gegeben ist, nicht fördert.

Freilich ist im Bergsteigen wie in jedem Spiel diese Möglichkeit enthalten. Zumal das Bergsteigen kein Kampfspiel, kein Wettbewerb ist, sondern eine Art von Spiel, in dem der Einsatz der Person nicht dadurch wertvoll wird, daß man ihn mißt mit dem Einsatz anderer. Er wird wertvoll dadurch, daß man an sich selbst mißt und an einer völlig objektiven Natur, die selbst in der ungünstigsten Situation bei Hagel und Regen in der steilsten Wand noch objektive Natur bleibt.

Die große Gefahr ist, dieses Wochenendspiel wieder zum Spezialistentum zu treiben. Damit wäre der Freizeitgedanke für das Wochenende extrem verfehlt.

Im Spiel des Bergsteigens, in solchem Wochenende, in so gestalteter Freizeit ist es die Hauptaufgabe, zu einer individuellen Verfeinerung der Person zu gelangen. Das Spielen in der Freizeit muß Spiel bleiben. Der Berufsspieler betreibt das Spiel wieder so wie seinen Beruf, wieder eingeschränkt und ohne die Möglichkeit der Entfaltung. Wir brauchen keine Berufsspieler des Bergsteigens und die Bergsteiger brauchen sich nicht in der Form eines Berufsspielers, sondern eines wahren Amateurs.

Zwischen Alltag und Wochenende ist eine Kluft

Eine der großen Gefahren, die im regelmäßigen Wochenendbergsteigen liegen, ist: Werktag und Wochenend, also Arbeit und Freizeit, noch weiter voneinander zu entfernen, noch mehr die beiden Verhaltensweisen auseinander zu führen. So werden die beiden Bereiche entfremdet. So wird der Mensch zwiespältig. Er sucht Kontrast anstatt Zusammenklang, Zerstreuung anstatt Sammlung. Deswegen soll die Verfeinerung der Person in der Freizeit nicht allein darauf abzielen, Erlebnisse und Impressionen anzuhäufen, und Handfertigkeiten, wie etwa nur die des Kletterns, zu vermehren. Das Wochenende müßte vielmehr zur Mitte der Persönlichkeit führen und von da die Brücke zum Werktag schlagen.

Freizeit bietet Spielraum

Das spielerische Tun, das Zu-Berg-Steigen, stellt dem Menschen in Aussicht, Beschränkung für eine Weile zu sprengen. Er kann die arbeitsteilige Werktäglichkeit überwinden zu einer sonntäglichen Ganzheit. Er könnte sich entfalten.
Die Freizeit ist sehr viel mehr, als eine von Arbeit und Anordnung und Pflicht nicht ausgefüllte Zeit. Sie ist ein Bereich, in dem jeder kraft seiner Lebenskunst das zu kultivieren und zu vervollkommnen sucht, was in ihm wartet. Dadurch will er sich selbst vervollkommnen und kultivieren.
Welche Rolle kann nun das Bergsteigen bei dieser Bedeutung der Freizeit spielen?
Der Bergsteiger weiß wochenends schon, wohin er will: ins Gebirge. Er weiß zwar noch nicht, ob er in die Lechtaler geht, in die Schweiz oder in die Dolomiten, ob er nur wandert oder steil geht, ob er allein klettert oder zu zweit, ob er ein Mädchen mitnimmt oder einen männlichen Seilgefährten. Vielleicht will er sich dem momentanen Einfall oder Zufall überlassen. Er ist sich aber auch darüber spätestens in dem Augenblick klar, in dem er losfährt. Er plant, bestimmt und begibt sich wochenends in einen von ihm gewünschten Bereich.
Das Gebirg ist für den Bergsteiger trotz aller Unwirtlichkeit und trotz aller Verschiedenartigkeit

alles in allem ein vertrauter Daseinsbereich. Der Mensch begibt sich also aus dem ihm mehr oder weniger vertrauten Bereich des Werktags, einer geschäftlichen oder familiären Umgebung in einen wieder mehr oder weniger vertrauten Bereich, der durch landschaftliche Vielfältigkeit und durch die jedem Weg vorausgehende freie Entscheidung sich wesentlich unterscheidet von dem andern.

Das ist es: der Bergsteiger mag zwar durch seinen Weg, den er begeht, vor allem dann, wenn es eine Wand oder ein Grat ist, festgelegt sein und auch in Zwangsverhaltensweisen hineingeraten. Aber er hat für diesen Weg seine Entscheidung selbst getroffen. Das ist keine Entscheidung mit jahrelangen Folgen. Wochenende für Wochenende darf er diese Entscheidung neu treffen.

Nun ist der Bergsteiger häufig sehr ernst bei seiner Sache und die Möglichkeit der Entfaltung schränkt er selbst ein.

Das sind Merkmale des Spiels. Man gibt sich Regeln vor, oder man nimmt vorgegebene Regeln und bewegt sich dann in diesem selbst gewählten Rahmen so vielfältig und dramatisch wie irgendmöglich.

Wandertritt für Wandertritt. Dabei Blumen betrachten, den Tieren nachlauschen. Gesteine bedenken.

Holz für die Hütte hacken, das Dach, die Fensterläden oder den Brunnen richten und dann abends die Scheite knistern hören, Lieder singen, Klampfn spielen, Hüttenleben.

Einem hohen Gipfel zustreben. Dabei Schwierigkeiten überwinden, Gefahren bewältigen, Mühen auf sich nehmen. Und zu einem Ziel, das man selbst gewählt hat, gelangen.

In steilem Fels Technik, Kraft und Hilfsmittel einsetzen. Klettern.

Vier Formen beziehungsweise Zeichen des Gebirgserlebens. Alle vier sind Bewegungsspiel in der Freizeit. Und solches Spiel ermöglicht Entfaltung, ein intensiveres Erleben der eigenen Person. Solches Spiel bietet Raum zur Sammlung, nutzt Freizeit ohne Zerstreuung.

VIII.
Interpretation und Loblieder

Das Bergsteigen - ein Spiel

Um seiner selbst willen. Ein reines Tun. Ohne allen Zweck. Ein Spiel. Ja, spielen ist es. Mit all der Innigkeit, mit der Spiele gespielt werden, so steigen sie zu Berg, die Bergsteiger.
Gleich ob wir das Spiel der Großen betrachten, vielleicht eines, bei dem sie sich nach Regeln Bälle zuwerfen, mit Ernst bemüht um die reine Tätigkeit. Oder ob wir das versonnene Spiel des jungen Mädchens betrachten, das ein paar Blumen zu einem Kranz flicht. Oder ob wir das Spiel des Kindes schauen, das ganz unreflektierte. Immer ist es reines Tun um seiner selbst willen.
Und so auch der Bergsteiger. In allen Spielen der Erwachsenen dringt Kultisches durch. Es ist ein Dienst - nicht zu einem Gott. Es ist ein heiliger, heilender, heilsamer Dienst am Handeln selbst und zu sich, zum Spielenden selbst. Übung zum reinen Tun. Von da her aber gefährdet sich der Spielende auch. Bergsteigen ist Spiel. Ist es, wie es der Tanz ist. Das Klettern zeigt es.
Die Bergsteiger dehnen den Wert ihres Tuns gern aus diesem Bereich des Spiels heraus ins Mystische. Aber zu den vielen Gefühlen mangelt es den Bergsteigern dann an sauberer Poesie. Und Mystik ohne Poesie ist Aberglaube. Darum wirken Bergsteiger oft lächerlich. Und die plumpe Prosa ihrer Gefühle umrankt diesen Aberglauben.

In Richtung des verlorenen Paradieses

Joseph Kardinal Ratzinger sprach am 3. Juni 1978 während der Fußballweltmeisterschaft ein Wort zum Sonntag und fragte: „Worin liegt die Faszination dieses Spiels, daß es mit gleicher Wichtigkeit neben das Brot tritt?“ Und er meinte, darauf könnte man im Blick auf das alte Rom antworten. Der Schrei nach Brot und Spielen sei eigentlich der Ausdruck für das Verlangen nach paradiesischem Leben, nach einem Leben der Sättigung ohne Mühsal und der erfüllten Freiheit. Denn das sei letztlich mit dem Spiel gemeint: Ein Tun, das ganz frei ist, ohne Zweck und ohne Nötigung, und das dabei doch alle Kräfte des Menschen anspannt und ausfüllt. Der Theologe und Bischof versucht also das Spiel als eine Art von versuchter Heimkehr ins Paradies zu erklären. Er spricht vom Heraustreten aus dem Ernst des Alltags und seiner Lebensbesorgung in den freigewählten Ernst dessen, was nicht sein muß und gerade darum schön ist. „Demgemäß überschreitet das Spiel in gewisser Hinsicht das Alltagsleben.“

„Das Spiel nötigt den Menschen, zunächst sich selbst in Zucht zu nehmen, so daß er durch Training die Verfügung über sich gewinnt, durch Verfügung Überlegenheit, durch Überlegenheit Freiheit.“

Der Spieler

Der Spieler ist weder ein Mensch des Nutzens noch des Erwerbs, weder des Berufs noch der Arbeit.
Dem Spieler genügt beim Spielen sein Spiel.
Dem Freizeit-Bergsteiger genügt beim Zu-Berg-Steigen sein Zu-Berg-Steigen. Ihn treibt die reine Neigung, die sich mit keinem Zweck und keinem Nutzen vermischt. Er ist ein Spieler.
Der Spieler hält sich nicht an Ursachen oder an Zwecke. Er hält sich an den Zufall. Wo am Ende eine vorauszusehende Gewißheit steht, da ist kein Spiel möglich. Der Bergsteiger aber weiß nichts Genaues über das Ziel und den Lohn. Er weiß nicht, ob ihm gelingt, was er will. Er ist in der Ungewißheit. Er setzt sich aus. Er wagt sich mit seinem Weg. Er ist ein Abenteurer und „wie in allen Abenteurern ist in ihm ein Überschuß, ein Mangel an Berechnung und etwas Weiträumiges".
Das Weiträumige aber und das Ungewisse bieten immer die Chance.
Die Chance, das ist es!
Die Chance wird um so größer, je höher der Einsatz ist.
Spielen, wie ein Kind spielt. Ganz im Ungewissen.
Das Kind und der Abenteurer sind verwandt.
Denn beide sind sie Spieler. Und doch unterscheiden sie sich sehr. Dem Kind ist das Spielen aus sich heraus gemäß. Es lebt in einer Welt, die um

so voller von Chancen ist, je kindlicher das Kind ist. Das Spiel des Abenteurers aber ist gewollt, der Einsatz ist absichtlich hoch, und der Ort der Gefahr und der Ungewißheit ist gesucht. Dieser erwachsene Mensch setzt sich absichtlich aus.
Er sucht, was das Kind ohnehin hat. Dem Jugendlichen gelingt es vielleicht noch, diese Situation des Kindes echt zu leben. Die Jugendzeit ist die gute Zeit für den Abenteurer. Alternde Abenteurer haben sich vermessen.

Der spielende Mensch

Hugo Rahner hat 1948 auf der Eranos-Tagung zu Ascona über den spielenden Menschen gesprochen. Er verwies auf Platon und Aristoteles und sagte, die erste Anregung und die letzte Begründung der Lebenslehre vom spielenden Menschen entstamme dem Geist des heiligen Thomas von Aquin.
Das beste am Menschen ist, wie Plato sagte, ein Spielender zu sein: Ein Mensch, der in der Fülle der Betätigungen, die seinem geschaffenen Sein entströmen, leicht, weise, schön und ernst die schöpferische Kraft Gottes nachahmt, soweit es ihm gegeben ist. Diese schwebende Leichtigkeit ist niemals Leichtsinn, denn Leichtsinn ist immer heimliche Verzweiflung.

Der spielende Mensch weiß um die Sinnhaftigkeit sowohl als auch um die Nicht-Notwendigkeit seines geschaffenen Daseins. Und hierin enthüllen sich die zwei Aspekte des irdischen Lebens, die der wahrhaft spielende Mensch mit wacher Schärfe sieht: Das Dasein ist fröhlich und tragisch. Fröhlich, weil in Gott geboren, und tragisch, weil in der Freiheit gefährdet.
Es ist, wie Platon im Philebos sagt, eine Mischung aus Freude und Leid, eine Komödie und eine Tragödie zugleich.
Denn es gibt kein Spiel ohne tiefen Ernst, und selbst wenn Kinder spielen, leben sie im Bannkreis der Verpflichtung und unter dem Schatten eines möglichen Verlierens.
Für Thomas von Aquin gleich wie für Aristoteles steht der ausgeglichene Mensch zwischen dem Possenreißer, dem um jeden Preis Lustigen, und dem steifen Griesgram des sturen Ernstes. „Erholende Ruhe und heiteres Spiel erscheint für das Leben notwendig zu sein“, sagt Aristoteles.
„Also ist der Bloß-ernste in dem Sinne untugendlich, als er das Spielen gänzlich verachtet, das doch so notwendig ist für das humane Leben wie das Ausruhen“, sagt Thomas.

Die Hütte, das Haus

Der Großstadtmensch haust nicht mehr im alten Sinn, er bewohnt eine Kabine im Mietshochhaus, im Zellenbau, oder ein Reihenhaus mit 150 Quadratmetern Garten. Er wohnt im thermostatgesteuerten Klima. Für ihn bringt das Wochenende im Gebirge den alten Sinn des Hauses zurück. Nach langem Weg kommt er müde zur Hütte. Wenn es stürmt oder schneit, wenn es donnert oder blitzt, sucht er Zuflucht im Haus, in der Hütte. Gewinnt er ihr schützendes Dach noch rechtzeitig, dann sieht er hinaus auf den prasselnden Regen, auf den Hagel und sorgt sich, daß der flackernde Blitz nicht in dieses Haus schlägt. Eilt er, vom Unwetter durchnäßt und gepeitscht zur Hütte und erreicht sie, so nimmt sie, die Herberge, ihn bergend auf. Der warme Ofen, den er selbst erst geschürt, in dem die Scheite knistern, gibt ihm Wärme zurück und trocknet seine nassen Kleider.

Das alles weiß der Mensch der Großstadt vom Haus nicht mehr, da er nicht haust. Das alles aber erfährt er im Gebirge, wo ihn die Hütte behütet und ihn das Schutzhaus schützt. So ist das Haus im Gebirge für den Menschen unserer Zeit ein Symbol für das vergessene Geborgensein in der Herberge.

Der Weg

Er ist steinig. Man muß sich auf ihm Schritt für Schritt Platz für den Fuß suchen. Er ist zwar bereitet, aber er wird immer wieder von der Natur verändert. Moos wächs, Steine fallen darauf, Wurzeln schlingen sich durch. Der Weg ist nicht glatt und unpersönlich, er ist ein ganz bestimmter Weg und hat seine charakteristischen Eigenarten.
Die Straße der Stadt ist glatt, nichtssagend, sie ist darauf zubereitet, daß man auf ihr schnell und möglichst mit Rädern vorwärts kommt. Beim Weg im Gebirg ist es anders. Die eiligen Geschwindigkeiten der Straße gelten für den Bergweg nicht. Er ist steil, steinig und uneben und vermittelt so dem Menschen, dem Bergwanderer durch die Aufmerksamkeiten, die er zum Gehen braucht, einen intensiveren Bezug zu seinem Gehen. Und das Gehen ist ja eine so sehr menschliche Tätigkeit. Dieser Weg im Gebirg ist, wie jeder Wanderweg, dem Menschen ein Weg zu sich selbst. Und da enthüllt sich wieder, daß der mühseligste Weg oft der beste Weg zu sich selbst ist. Das schenkt der steinige, steile Weg am Wochenend dem Menschen.

Näher zur Natur

Krokusse blühen im Schnee, Frühling wird. Blatt um Blatt fällt vom Baum auf den steinigen Weg. Herbst wird.
Der Weg durchs Gebirge als Wochenendbeschäftigung gibt dem Menschen eine Nähe zur Natur. Der Jahresablauf wird wieder ursprünglicher, ist wieder nah, wie er es früher dem Bauern war.
In der Stadt weiß der Mensch nichts mehr von Kälte. Der Thermostat regelt die Ölheizung so, daß der Wohnungsmensch nicht einmal beim Heizen merkt, ob es draußen mehr oder weniger kalt ist. Aber wochenends im Gebirg hat er Zusammenhang mit der Natur. Schon wenn er seinen Rucksack packt, weiß er mehr von der Jahreszeit, als der, der das Wochenende über zu Hause bleibt.

Schweigen und Reden

Das eine, um sich in sich kehren zu können, das andere, um Dinge aus sich herauszuführen und auch an Gedanken und Problemen anteilzunehmen. Für das Schweigen und das Gespräch kann sich werktags der Mensch in unserer Zeit nicht immer frei entscheiden. Wochenends im Gebirge treten aber Zwänge, fremde Redereien und Geräuschkulissen zurück.
Es ist Raum für das Schweigen und für das Gespräch. Jedes von beiden zum rechten Zeitpunkt kann das Erleben des Bergsteigens vertiefen. Beides hilft die einfachen Dinge des Weges zu sehen. Schweigen und Reden verdeutlichen den Weg durch den Morgen, durch den Mittag, durch den Abend und durch die nächtliche Landschaft.

Bergsteiger sein

Bergsteiger sein
heißt im Grunde auch nichts anderes als eben Mensch zu sein, wandernder Mensch mit all den menschlichen Leiden.
Das Gebirge für sich allein ist nicht. Es erhält seinen Grund erst in der Welt.
Die Landschaft und das Zu-Berg-Steigen könnnen den wandernden Menschen deutlich vor das Sein führen. Darin liegt ein hoher Wert des Wanderns, des Bergsteigens für den Menschen. Die Berge und das menschliche Tun in den Bergen machen es dem Schauenden leicht, ein Nachdenken anzufangen, einem Sinnen nach dem Ganzen sich hinzugeben. Er fängt an, frei zu sein.
In dieser Möglichkeit berührt sich das Nachdenken des Wanderers mit dem Schaffen des Künstlers – hier hat beides seine gemeinsame Sphäre. Hier fällt das Menschliche in das Geheimnisvolle. Was dem Menschen widerfährt auf seinen Wegen, was ihn da im Innersten trifft, die Gebirge mit all ihrem Darin und Darüber und Darunter – es könnte so gut Grund und der Anfang eines Staunens sein.

Da wechseln die Farben

Es gibt Sucher, die das Geheimnis des Lotrechten spüren wollen, die es in eigenen Händen halten wollen und zugleich selbst darin gehalten sein wollen. Gehaltensein und Gewagtwerden. Wir gehen an einem Rande, leichten Schritts. Wir sind selbst der Rand. Wir sind gewagt.
Ein Berg ist Seiendes. Ich, der Mensch, wie ich mich an ihm erlebe, bin Seiendes. Den Grund des Seienden nennt man das Sein. Das Verhältnis vom Seienden zum Sein wirkt beim Menschen, wie beim Tier und der Pflanze, wie auch beim Stein, dem Fels, dem Berg. Es wirkt darin, daß das Sein das Seiende jeweils gewagt sein läßt, daß das Sein das Seiende irgendwie aussetzt.
Wir wollen gegründetes Wesen sein, wollen dies stark sein. Deswegen wollen wir das Verhältnis vom Seienden zum Sein so sehr bei uns wissen. Also suchen wir den Ort, wo die Farben wechseln, ineinander gehen; suchen wir den Ort, wo der Sturz und das Steigen sich begegnen. Überall im Lotrechten begegnen sich der Sturz und das Steigen.

Im Aufprall der Wetterfront

Wann der West
den Südwind trifft

An der Kante der Stunde
auf dem Grat
zur einen Seite jähe Tiefe
zur anderen grüne Hänge

Schritte auf der Schwelle
am Rand des Wortes hocken Dämonen
ein Kind weint
ein Feenpalast birst
die Ballonblume platzt zur blauen Blüte

im Fischhimmel fliegt Luftangst

Lobgesang

Den großen Bogen müßte man schlagen können – vom Gebirge zu jedweder Dunkelheit und zu all den Helligkeiten der Welt.

Saint John Perse saß in einer Höhle bei Vignemale in den Pyrenäen und schrieb seine Preislieder.
„Anrufend jedes Ding bei seinem Namen sprach ich, daß es groß sei, anrufend jedes Tier bei seinem Namen, daß es schön und gut sei."
„Und eine sehr kleine Schwester war gestorben; ich hatte den wohlriechenden, ihren Mahagonisarg zwischen den Spiegeln dreier Zimmer gehabt und man sollte den Kolibri nicht mit einem Kieselstein töten . . ."
Aber die Erde neigte sich in unsere Spiele, die Bogen zu schlagen, . . . von jedweder Helligkeit zu den Dunkelheiten.

Hörst du die Nacht?

hörst du die nacht
hörst du die zeit stürzen

jenseits der wälder
was bricht, was hängt
die erdränder hinab

ich an der schmalseite
deiner worte

wer öffnet verbretterte räume
liest abgelegte bücher
singt lieder von einst

ich liege wach
ich höre die nacht
in den händen
trockenes nichts

in den geschichten
in erzählungen
war
als wäre
als träume sich
ein bild vom bergland
von weinhängen
südlicheren
und du
im oleander

Klagelieder

Föhnsturm heulte über die niedergeduckte Almhütte. War Nachwinter? Oder eine spätherbstlich-frühsommerliche Nacht? Die riesige Wand stand finster hinter der Hütte. Ein kleines vergittertes Guckloch ging vom Matratzenlager hinaus. Ein ganz kleines Guckloch. Zur finsteren Wand. Ich war allein. Der Föhnsturm brauste über das beschwerte Dach.
Schmerz spüren. Die Nacht spüren. Den Zeitgang wissen. Ringsherum ist nichts. Nur eine schwarze Wand. Die schönsten Klagelieder gehen mir durch den Sinn.

Chiffren der Berge

Die kühn geformte Gestalt eines Berges ist oft abweisend, fremd und weglos und mag das Auge zunächst unbegehbar anmuten. Dämmriges Licht oder Nebel oder einzelne Wolkenfetzen verstärken den Eindruck der Unbegehbarkeit. Nähert man sich der Gestalt aber und sieht sie in deutlichem Licht und betrachtet man sie mit verstehendem Auge, dann werden Grat, Kante, Wand, Schlucht, werden Risse und Kamine verständlich und mögliche Wege. Die Gestalt gliedert sich und löst sich in Partien auf.

Hat man gelernt, die einzelnen Zeichen, Linien und Formungen als Wegemöglichkeiten zu verstehen, sie richtig einzuschätzen, dann wird der Berg begehbar.

Je kühner seine Gestalt ist, je steiler seine Wände und Kanten, je abweisender also, um so schwieriger wird er begehbar. Um so besser müssen auch sein Aussehen und seine Einzelformen verstanden werden.

Zitate

Manche Alpinisten mögen dies Zitat schon nicht mehr hören. Aber es kann nicht eindringlich genug wiedergebracht werden: Petrarca hat am 26. April 1336 auf dem Gipfel des Mont Ventoux die Bekenntnisse des Augustinus aufgeschlagen und las: „Da gehen die Menschen, die Höhen der Berge zu bewundern und die Fluten des Meeres, die Strömungen der Flüsse, des Ozeans Umkreis und der Gestirne Bahnen, und verlieren dabei sich selber."

„Wie oft, meinst Du, hab' ich an jenem Tage talabwärts steigend und rückwärts gewendet den Gipfel des Berges betrachtet, aber seine Höhe schien mir kaum mehr als die Höhe einer Stube, verglichen mit der Höhe menschlicher Kontemplation."

(Petrarca)

Kann man es noch verantworten, sich mit der Existenzfrage einer Sache, die plötzlich im eindrucksvollsten Sinn existenzmöglich geworden ist, nicht auseinanderzusetzen?

(H.K. Martius)

Geh und trage
Fehl und Frage
Deinen einen Pfad entlang

(M. Heidegger)

Rückkehr

Das Land liegt im Morgendunst. Büsche tauchen auf und verschwinden. Hügel säumen den Blick. Durch Wiesengründe windet sich in Mäandern die Altmühl. Da eine Felskante im Wald. Dort ein Steinbruch. Drüben die Burg aus vergangener Zeit. Ich fahre mit dem Zug nordwärts.
Gestern war ich noch über die Gletscher gegangen, hatte allein meine Spur in den frischen Schnee gelegt, habe mich die steile Flanke hinaufgemüht, war auf der Gipfelpyramide gestanden und hatte weit über das Bergland geschaut.
Heute durchdringt mich die wohlgeordnete Schönheit des grünen Landes, das auftaucht aus den Nebeln. Ich sehe rot den Sonnenball im Osten. Ein später Sommertag hebt an und umfängt mich.

Anmerkungen:

Zu „Kühnheit“: Ich benutze einen Gedankengang von Peter Bamm.

Zu „Individualismus und Kollektivismus“: Dieser Text stützt sich auf Martin Buber und seine Interpreten.

Zu „Alpine Literatur“ Seite 92:
Es handelt sich um Walter Pause und Gaston Rébuffat – Pause lieferte Paradebeispiele alpinen Kitschs: „Das Dunkel teilte sich. Ein erster bleicher Schein flog durch die Welt, und unversehens zog über mir der junge Tag auf... Der Nachthimmel erblich, errötete und erstrahlte zuletzt blank und frisch wie ein Mädchenauge. Um mich her begann ein sachtes Erwachen der kleinen Dinge. Das Gras putzte sich grün.“ „Die Steine verloren ihr taubes Wesen, mit silbergrauen Flechten überspannt die einen, im frischen marmornen Prunk die anderen, lagerten faul in ungezählten Heeren.“

Rébuffat dagegen sagt knapp und klar. Eine seiner Fahrtenschilderungen endet so: „Wir unterbrechen eine Besteigung, die gefährlich zu werden beginnt, obwohl uns kurz zuvor eine sehr schwierige Erstbegehung gelungen war. Das Hochgebirge war uns ein guter Lehrmeister!“

„Der spielende Mensch“ nimmt Gedanken von Hugo Rahner aus dem Jahre 1948 auf.

Zu „Bergsteigen als Spiel“:
Schon 1950 bei meiner Abfassung der Texte zu diesem Gedanken war das Stichwort bereits 40 Jahre alt. Ähnliche Überlegungen lieferten Dietrich Hasse, 1964, und Ulrich Mann, 1966.
In den siebziger Jahren wurde der Umgang mit der Formel „Bergsteigen als Spiel“ ein wenig Mode.

Dank sei gesagt an Herrn Dr. Franz Graßler für die Überprüfung der alpingeschichtlichen Fakten und Herrn Helmut Krämer für seine sorgfältige Durchsicht des Manuskripts und für seine vielen wertvollen Anregungen.

Herzlichen Dank vor allem meiner Weggefährtin und Frau Maria Anna für ihren Vorschlag, diese alten Aufzeichnungen nicht zu veröffentlichen und für ihre Nachsicht, wenn ich es dann doch tat.

Bilder

Peutereygrat; Fotograf unbekannt. Seite 15

Randmoräne eines Himalayagletschers;
Erich Reismüller. Seite 25

Klettern im Yosemite; Seite 47

Die finstere Eigerwand; Toni Hiebeler. Seite 51

Friedhof in Innsbruck; Dr. Roman Fink. Seite 53

Männer in den Seilen; Dr. Roman Fink. Seite 59

Abseits der Piste bei Lech am Arlberg;
Erich Reismüller. Seite 69

Bergromantik; Fotograf unbekannt. Seite 75

Eisfluchten an der Ganga Purna;
Erich Reismüller. Seite 89

Die Isar, aus dem Gebirge kommend;
Dr. Roman Fink. Seite 109

Fünf Bergsteiger im Labyrinth des Eises;
Erich Reismüller. Seite 137

Ankunft am Matrashaus, Hochkönig;
Ulrich Linnemann. Seite 143

Inhalt

I. Über Gebirge und Bergsteigen

Unwirklichkeit - Wagnis - Aktion - Der Unsinn des Bergsteigens - Ungeistig sein - Das Erleben des Bergsteigers - Zwischen Tagglanz und Hüttenfeuer - Abenteuer, Tat und Traum - Vom Gebirge selbst - Das Gebirge ist komisch - Was heißt hier „schön"? - Faszinierend häßlich - Stadion für neue Schauspiele - Hie und da eine kühne Form - Taormina - Kulissen - Über den Zweck des Bergsteigens - Anfänge und Endpunkte

II. Klettern

Das Klettern - Ist Bergsteigen Sport? - VI. Grad: 100 Meter in 7:50 Minuten - Training - free - Beweggründe - Tapferkeit, Mut, Kühnheit - 15 von vielen Tausend - Sachtext zu einer Kletterfahrt - Text zu einem Abstieg - Begleittext zu zwei Seillängen - Text zu einem Biwak - Samsa - Gefährten - Alleingänge

III. Zwischen Kollektiv und Romantik

Der Mensch aus der Menge - Individualismus - Kollektivismus - Mystiker des Wanderns - Das Romantische - Ein Surreal

IV. Alpine Literatur

Von der alpinen Literatur - Kitsch - Widersprüche - Lautlose Götzendämmerung - Bergpredigt zur Bergpredigt - Titeleien - Meine alpine Hausbücherei - Die alpinen Zeitschriften

V. Das Bild vom Berg

Arten, Gebirge zu sehen - Die alpine Malerei - Meine imaginäre Galerie mit Bergbildern

VI. Alpinismus-Vereine

Alpenvereine - Die Insulaner - Auf Schiffen - Contra Jubiläum - Pro Tradition - Alpenismus - Definition - Provinz - Trekking

VII. Verunsicherung und Freizeitkonsum

Alltag und Wochenende - Konjugation - Monotonie der Woche und Wochenenderwachen? - Erlebnispaket - Eingeordnet - Ein geselliges Wesen - Konsum von Freizeit - Die Gefahren der falschen Sicht - Zwischen Alltag und Wochenende ist eine Kluft - Freizeit bietet Spielraum

VIII. Interpretation und Loblieder

Das Bergsteigen - ein Spiel - In Richtung des verlorenen Paradieses - Der Spieler - Der spielende Mensch - Die Hütte, das Haus - Der Weg - Näher zur Natur - Schweigen und Gespräch - Bergsteiger sein - Da wechseln die Farben - Im Aufprall der Wetterfront - Lobgesang - Hörst du die Nacht? - Klagelieder - Chiffren der Berge - Zitate - Rückkehr

Nachwort

Nachwort

Dieses kleine Buch ist eine späte Jugendsünde. Der Hauptinhalt wurde 1950 als Streitschrift niedergeschrieben und in Auszügen als Privatdruck einem kleinen Kreis bekannt gemacht. Der Kerngedanke war damals, Bergsteigen als ungeistiges Tun und als Spiel darzustellen.
Dazu kamen Gedanken über Freizeit, Wochenende aus der Zeit um 1960 z. B. „Gefahren der falschen Sicht". Inzwischen haben die Zeitläufe manche Ergänzungen, Verdeutlichen und auch Streichungen angeregt. Neue Kontrapunkte kamen hinzu. Der polemische Charakter des Textes trat zurück und eine kühlere Kritik kam hervor. Es entstand eine Betrachtung in der Art eines Essays. Der Gegenstand „Bergsteigen" wird zum Zweck des Erkennens in einem Versuch hin und hergewendet und von verschiedenen Seiten betrachtet. Die perspektivische Sicht wich in den letzten 30 Jahren meines Bergsteigens einer Anschauung aus vielen Richtungen.
Die Grundgedanken zeigen sich aber unverändert.
Diese Schrift ist wie das Bergsteigen voller Widersprüche.

Helmuth Z. Zebhauser